政治文化与政治文明书系
主编：高　建　马德普

行政文化与政府治理系列
执行主编：吴春华

教育部人文社科青年基金项目
"地方政府间环境规制策略互动机制及环境治理对策研究"
（22YJC630016）的阶段性成果

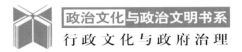

政治文化与政治文明书系

行政文化与政府治理

财政分权体制下
地方政府间环境规制竞争
及其影响因素研究

Study on environmental regulation
competition among local governments
and its influencing factors under
fiscal decentralization system

崔　伟 ◎著

天津出版传媒集团

天津人民出版社

图书在版编目（ＣＩＰ）数据

财政分权体制下地方政府间环境规制竞争及其影响因
素研究 / 崔伟著. -- 天津：天津人民出版社, 2024.1
（政治文化与政治文明书系. 行政文化与政府治理）
ISBN 978-7-201-20186-3

Ⅰ.①财… Ⅱ.①崔… Ⅲ.①财政管理体制–关系–
地方政府–区域环境规划–研究–中国 Ⅳ.①F812.2
②X321.2

中国国家版本馆 CIP 数据核字(2024)第 020060 号

财政分权体制下地方政府间环境规制竞争及其影响因素研究

CAIZHENG FENQUAN TIZHI XIA DIFANG ZHENGFU JIAN HUANJING GUIZHI JINGZHENG
JIQI YINGXIANG YINSU YANJIU

出　　版	天津人民出版社
出 版 人	刘锦泉
地　　址	天津市和平区西康路35号康岳大厦
邮政编码	300051
邮购电话	（022）23332469
电子信箱	reader@tjrmcbs.com

策划编辑	郑　玥
责任编辑	郭雨莹
封面设计	卢炀炀

印　　刷	北京虎彩文化传播有限公司
经　　销	新华书店
开　　本	710毫米×1000毫米　1/16
印　　张	15.25
插　　页	2
字　　数	170千字
版次印次	2024年1月第1版　2024年1月第1次印刷
定　　价	89.00元

政治文化与政治文明书系

天津师范大学政治文化与政治文明建设研究院·天津人民出版社

编 委 会

前　言

中国自从加速推进工业化进程以来，经济增长成就举世瞩目，但是在经济快速发展的同时，环境问题也日益严峻，迫切需要寻求高效的环境污染治理途径来解决环境问题，这也成为摆在中国政府面前需要迫切解决的任务。环境规制作为政府应对环境问题的干预工具和手段，对环境污染的治理起到了重要的作用。中国现行的环境管理体制采取的是中央政府制定、地方政府执行的管理模式，因此环境规制的主体是地方政府，其环境规制水平的高低在一定程度上决定了环境污染治理的效果。

在制度层面，地方政府的环境规制水平同中国的财政分权体制之间存在内在联系。财政分权制度是以分税制为基本核心，旨在调整中央政府和地方政府两者之间的权力关系，改变了传统的中央政府对地方政府的激励机制，同时也影响了地方环境规制水平的高低。究其原因，中国的财政分权本质上是一种"经济分权"与"政治集权"相结合的制度安排。这种制度安排促使地方政府围绕着中央制定的考核指标进行各种资源争夺和竞争。在过去追求经济建设的目标导向下，地方官员的政绩考核主要受到经济绩效的影响，地方官员为了提高政治位次，在"为增长而竞争"的背景下，地方政府通常在制定本地区环境规制标准时会参考其相邻地区环境规制标准，进而使地方政府之间形成环境规制竞争局面。

目前学术界已存在地方政府之间环境规制竞争的证据，但研究结论尚未一致。尤其是在中国独特的财政分权体制下，由地方政府主导的环境规制的竞争类型究竟是"竞相向下"还是"竞相向上"，仍存有较大的争议。一些学者认为地方政府间的环境规制竞争类型属于"竞相向下"，给出的理由是为了吸引资本向本地流动，地方政府会出现降低环境规制的政策和行为倾向，从而导致环境规制的"竞相向下"；另一些学者主张环境规制"竞相向上"的类型划分，理由是良好的环境质量是地方政府吸引流动资本的重要前提，地方政府需要提供包括环境质量在内的良好的公共服务以吸引企业到本地投资；还有一些学者认为地方政府间的环境规制竞争属于差异化竞争。虽然目前学术界在政府环境规制竞争类型的研究出现多元化，但普遍缺乏影响因素的深入探究，而在相关研究中，找到影响因素是寻找使环境规制强化"竞相向上"，弱化"竞相向下"政策着力点的重要理论基础。因此，研究地方政府间环境规制竞争策略及其影响因素，对于判断地方政府环境规制是否有效，以及如何促进环境规制强化"竞相向上"，弱化"竞相向下"具有重要现实意义。

基于以上研究背景，本书提出以下研究问题：第一，地方政府间的环境规制竞争类型如何？第二，在当前经济分权和政治集权的新型治理背景下，出现该类型的环境规制竞争的影响因素为何？第三，在各种影响因素的作用下，环境规制竞争出现了何种结果？

本书以上述问题为研究导向，将财政分权理论作为基本的理论分析框架，结合财政分权的经济和政治的双重属性来提取对环境规制竞争水平产生显著影响的因素，把握彼此的内在关联，构建理论分析框架。将熵值法运用在理论分析中，建立了环境规制综合指数；以演化博弈法为主要分析方法，深入探讨环境规制竞争采取不同策略背后的自发逻辑，构建基本理论假设；使用空间计量方法，结合选择的 30 个省份 2004 至 2017 年的面板数据作为分析对象，对做出的假设进行实证检验；使用比较分析法，对中国的东、中、西三个区域和不同财政分权度之间的相关内容进行对比分析，得到相应的研究结论。在整个研究过程中，以提出的问题为基本研究导向，在理论和实证分析的基础上，得出环境规制竞争的类型和影响因素，并在此基础上提出完善的政策建议。

经过研究后，得出以下结论：

（1）地方政府间存在环境规制竞争，在外商投资水平相近的地区表现得最为明显，且逐渐由"竞相向下"的竞争状态向"独立规制"的状态转变。

（2）引资竞争、环保考核和公众环保诉求三种因素共同影响地方政府间的环境规制竞争。2004—2017 年，全国的引资竞争整体上呈现波动性缓慢下降趋势，环保考核和公众环保诉求整体处于持续加强和稳步上升的发展状态。引资竞争、环保考核和公众环保诉求存在明显的区域异质性特征，具体表现为东部最高、中部次之、西部最低。

（3）总体上，引资竞争加剧了地方政府之间"竞相向下"的环境规制竞争，环保考核和公众环保诉求弱化了"竞相向下"的环境规制竞争，但也存在区域异质性。东部地区采取的引资策略，在一定程度上抑制了区域间的环境规制竞争性策略，主要原因在于东部地区吸引流动资本的重要凭借在于良好的环境质量；环保考核因一直比较接近中央环保标准而对环境规制竞争没有发挥显著的影响作用。公众环保诉求在一定程度上抑制了环境规制朝着"竞相向下"的竞争状态发展。在中西部地区，激烈的引资竞争使得环境规制表现出更加明显的"竞相向下"特征，而环保考核则有抑制环境规制"竞相向下"的作用,但公众环保诉求无法起到理想中的弱化环境规制"竞相向下"的作用。由此可见,公众环保诉求在经济发展相对发达的地区更能够发挥作用。

(4)引资竞争、环保考核和公众环保诉求三者之间的协同作用有抑制环境规制"竞相向下"的明显效果。尤其是自党的十八大以来,在各种政策的叠加下,三者发挥的协同作用更加明显,抑制效果更加显著,但也存在着区域和财政分权度的异质性。从区域分布来看,中央环保考核、公众环保诉求对"竞相向下"的环境规制竞争产生的抑制程度,表现出"东—中—西"依次递减的区域特征。在西部地区,中央环保考核和公众环保诉求的满足都会正向影响到环境规制水平,但却无法有效对冲区域间引资竞争引发的环境规制标准下降所造成的负面影响。从财政分权度来看,以支出计算的财政分权度越高的地区,引资竞争、中央环保考核与公众环保诉求协同作用能够有效抑制环境规制的"竞相向下";以支出计算的财政分权度越低的地区,三者的共同作用反倒会进一步激化环境规制的"竞相向下",由此证明了地方财政收支匹配的重要性。

以上述结论为基础,本书提出了以下对策建议:一是构建地方政府财力和支出责任相适宜的财政体制,缓解地方政府财政收支压力;二是以绿色国内生产总值(以下简称为 GDP)的新型考核机制为导向,构建常态化的长效问责机制;三是进一步拓宽公众监督渠道,为公众提供意见表达和意见反馈途径;四是以生态环境部门垂直管理为基础,理顺当前的环境治理体制;五是根据地区差异制定环境规制政策和经济指标权重,以促使地方政府间的环境规制竞争能够真正带来积极的规制作用,有效降低环境污染程度,使国家加快推进生态文明建设和实现绿色发展的目标。

目 录

第一章
绪论

一、选题背景与意义

(一)研究背景

1.中国创造了经济奇迹的同时,也付出了较大的环境代价

改革开放以后,中国经济迅猛发展,首次于 2011 年在经济总量上赶超日本,成为世界第二大经济体,被誉为世界经济增长的奇迹。中国在创造经济增长奇迹的同时,环境污染问题却日益显著,形势日益严峻。2017 年《BP 世界能源统计年鉴》披露的数据指出,虽然 2015—2016 年度中国的碳排放总量出现下降趋势,但是仍然居世界首位[①],根据《2022 年中国生态环境状况公报》数据,中国 339 个地级及以上城市中,空气质量超标的城市占总数的 37.2%;339 个城市以 O_3、PM2.5 和 PM10 为首要污染物的超标天气分别占总

---

① BP:《BP 世界能源统计年鉴》[2017-07-05],https://www.bp.com/zh_cn/china/reports-and-publications/_bp_2017-_.html。

超标天数的 47.9%,36.9%,和 15.2%[①]。世界银行发布的一项数据指出,中国每年因生态破坏、环境污染引发的经济负面影响已经占到了 GDP 总量的 10%左右[②],由此可见,环境问题已经成为制约中国经济持续增长的重要因素。基于此,国家加强了对生态文明的重视程度,党的十八大将生态文明建设纳入"五位一体"总体布局,党的十八届五中全会提出绿色发展理念,党的十九大提出建设美丽中国,党的二十大提出推动绿色发展,促进人与自然和谐共生,建设生态文明被国家提到了前所未有的战略高度。

2.环境规制是政府在面对环境问题时采取干预的重要约束措施,在解决环境污染负外部性和纠正市场失灵问题时,起到无法替代的作用

中国现行的环境管理体制采取的是中央政府制定环境规制标准和政策,地方政府执行相关标准和政策。地方政府虽然有权制定所辖区域的部分环境规制政策和实施策略,但其标准水平不能低于中央政府设定的标准。地方政府作为环境规制的实施主体,对管辖区域的环境质量具有不可推卸的责任。

3.地方政府的环境规制水平同我国现行的财政分权体制密切相关,财政分权体制下地方政府间的环境规制存在竞争行为

财政分权制度是一项用来对中央政府和地方政府的权力进行调整和安排的制度形式,其改变了中央政府在管理地方政府时所采取的激励策略,同时也显著地影响了地方政府的环境规制行为。从 20 世纪 80 年代开始,我国便已经实行了财政分权制度,财政分权充分地将"经济分权"与"政治集权"结合起来。在经济方面,中央政府为地方政府赋予一定独立的财政自主权,允许地方政府在一定程度上独立自主地确定财政支出规模和支出结构,有

---

① 生态环境部:《2022 年中国生态环境状况公报》[2023-07-5],http://www.mee.gov.cn/.

② 《中国环境报》,http://epaper.cenews.com.cn/html/2017-04/10/node_2.htm。

助于进一步激发地方政府发展经济的积极性。在政治方面，中央政府牢牢把握地方官员任免与晋升权，使地方政府在中央政府制定的考核框架体系内展开竞争（Tiebout，1956；Buchanan，1965；Wright & Oates，1974；张晏和龚六堂，2005）。在过去 40 多年的发展历程中，中国做出了以经济建设为中心的战略规划，地方官员的任职与晋升始终围绕着经济绩效进行，使得地方官员为了进一步提升政治位次，在经济增长的目标导向下形成了"为增长而竞争"的局面（周黎安，2004；张军，2005；徐现祥和王贤彬，2010；姚洋和张牧扬，2013；宋凌云和王贤彬，2013）。"为增长而竞争"催生了地方政府间的环境规制竞争，因为流动资本是地方政府"为增长而竞争"争夺的重要要素，而环境规制标准是流动资本选择所在地的重要考虑因素。因此，为了能够赢得竞争，地方政府在制定本地区的环境规制标准时，通常会参考相邻地区制定的环境规制标准，这就使得地方政府之间形成了环境规制竞争的局面（张文彬，2010；王宇澄，2014）。

4.目前学术界普遍认为地方政府之间存在环境规制竞争，但关于相关具体问题的研究尚未统一，尤其是在中国特有的财政分权体制下，地方政府的环境规制竞争类型是"竞相向上"还是"竞相向下"仍存在争议

有学者认为，地方政府之间的环境规制竞争类型是"竞相向下"。因为地方政府为了吸引企业到当地投资会竞相降低环境规制水平，导致环境规制的"竞相向下"（Woods，2006；Konisky，2007；杨海生等，2008；朱平芳等，2011）；还有一些学者认为是"竞相向上"，理由是良好的环境质量是地方政府吸引流动资金的重要前提，地方政府需要提供包括良好环境质量在内的公共服务，以吸引企业到本地投资（张文彬等；2010；白俊红，2017）；也有学者认为，地方政府之间的环境规制竞争是差异化竞争，即"你降低，我提高"或是"你提高，我降低"的环境规制的竞争（陈卓和潘敏杰，2018）。

5.目前,关于地方政府间环境规制竞争还有一点需要补充完善的是,目前学术界只针对环境规制竞争类型在探讨,并且普遍缺乏对其影响因素的深入挖掘。而找到影响因素是寻找使环境规制强化"竞争向上",弱化"竞相向下"政策着力点的重要理论基础

研究地方政府间环境规制竞争策略及其影响因素,对于判断环境规制的执行是否有效,以及如何促进环境规制"竞相向上",弱化"竞相向下"至关重要。因此,有必要对现行分析框架进行系统性整合,把地方政府环境规制竞争问题纳入财政分权框架中展开深入分析。把握财政分权体制下不同竞争类型分布及相关影响因素,有助于构建更加完善的财政管理体系和制定更加科学合理的环境政策,对于实现绿色发展和"美丽中国"的目标也具有一定的现实意义。

(二)问题提出

本书以财政分权理论作为基本研究视角,对中国当前的环境问题进行详细阐释,关注财政分权体制下各级地方政府间的环境规制竞争问题,把握环境规制竞争的不同类型分布及相关影响因素,并围绕着以下三个问题作展开分析:

第一,地方政府间的环境规制在存在竞争的前提下,其属于哪种竞争类型? 策略替代型还是策略互补型竞争? 竞争类型是否存在时间和区域异质性?

第二,在当前经济分权和政治集权的新型治理背景下,环境规制出现该竞争类型的主要原因为何? 影响因素为何?

第三,在各种影响因素的作用下,环境规制竞争出现了何种结果?

本书以上述问题为研究导向,将财政分权理论作为基本的理论分析框

架，结合财政分权的经济和政治的双重属性来提取对环境规制竞争水平产生显著影响的因素，把握彼此的内在关联，构建理论分析框架。在相关影响因素的共同作用下，环境规制竞争是否能够使环境规制达到应有的效果，进而提升环境治理能力和治理水平。如果答案是肯定的，则继续维持影响因素当前所处的状态，发挥积极的环境治理作用；如果答案是否定的，则需要在制度层面上对相关影响因素做出适当的调整，以确保环境规制作用的充分发挥，进而达到降低环境污染的目的。本书在理论层面上着力，为中国打赢环境污染攻坚战，建设生态文明社会，促进绿色发展提供有针对性的参考。

(三)研究意义

本书将前瞻性的理论与实证研究方法结合起来，构建财政分权背景下地方政府环境规制竞争影响因素的基本理论分析框架，以提出问题为基本研究导向，在理论和实证分析的基础上把握环境规制竞争的竞争类型及其影响因素，并在此基础上提出完善的政策建议。

1.理论意义

第一，学术界目前肯定地方政府间存在环境规制的竞争，但是对其竞争类型还没有统一，本书利用熵值法客观测量环境规制水平，利用演化博弈方法从理论上分析在有约束状态下环境规制竞争的类型，并利用莫兰指数和吉尔系数对环境规制竞争类型进行实证检验，考虑了国家治理理念由"以经济建设为中心"向"绿色发展"和"高质量发展"转型后环境规制竞争类型的变化情况，丰富了以往研究。

第二，本书对现有文献中关于财政分权和环境污染、税收竞争和财政支出竞争中的相关内容进行系统性梳理，发现现有学者在环境规制竞争方面的研究相对有限，探讨其作用机理和影响因素方面的研究更是稀缺。为此，

財政分权体制下地方政府间环境规制竞争及其影响因素研究

本书从财政分权的"经济分权"和"政治集权"属性出发,搭建理论分析框架,以深度探讨环境规制竞争各个影响因素及其总体上对环境规制竞争造成的现实影响,进一步丰富现有的研究成果。

第三,本书在研究中验证了在中国现行管理体制下财政分权理论的适用性,并在前人的基础上有所发展。学者使用财政分权理论探讨中国经济发展中存在的问题时,大多数学者都支持"用脚投票"[①]机制在中国适用性较差的观点,其理由是中国的地方官员为"向上负责"型,公众无法在地方政府的决策中发挥应有的作用。而实际上,中国的政治经济和社会环境较以往已经发生了显著改变,"以人民为中心"的思想深入人心,信息技术的发展也为公众表达意见提供了多元化的渠道,"公众环保诉求"在地方环境治理中的重要性不断突出,地方政府在制定环境规制竞争策略时也不得不将其作为重要因素予以考量。为此,本书在分析中也重点关注了公众环保诉求这一影响因素在财政分权制度下对环境规制竞争的影响,进一步丰富了财政分权理论,提高了该理论对于中国现实问题的解释力。

2.现实意义

第一,区域间的联系变得越发紧密,区域间的经济社会指标的相互影响已经远远超出行政空间范围。为此,本书在研究中重点探讨了各个变量之间的相互作用关系,考虑到环境规制的空间影响效应,将空间计量经济学应用在整个分析过程中,同时又将莫兰指数和吉尔系数用于检测地方政府间环境规制竞争类型属于"竞相向下"还是"竞相向上",对于判断中央政府制定的环境规制标准是否被地方政府有效执行具有十分重要的现实意义。

第二,本书将"经济分权,政治集权"作为基本研究视角,确定地方政府

---

① 技术、人才、资本倾向于流向公共服务更加符合自己偏好的行政区域。

间环境规制竞争的影响因素；将空间杜宾模型作为实证分析模型，对相关变量进行回归分析，检验不同影响因素对于环境规制竞争的作用效力，以把握在不同影响作用下环境规制竞争能否取得预期的实际规制作用成效。如果实证分析得到的结论是肯定的，则维持该因素当前所处的状态，继续发挥积极的环境治理作用；如果实证分析得到的结论是否定的，则需要在制度层面上对相关影响因素做出适当的调整，适当地强化环境规制"竞争向上"和弱化"竞相向下"的趋势，以确保环境规制能够充分发挥规制本身的作用。

第三，本书考虑到熵值法的应用优势，基于全面性、可比较性、科学性和可测量性的原则，以环境规制为基本出发点，确定6项指标作为环境规制现状的综合评价指标，对环境规制水平进行科学测算，并随其进行区域和时序差异分析，帮助我国政策制定者充分把握环境规制在不同时序和空间中的变化发展特征及未来发展趋势，从而能够有针对性地制定更加合理的环境规制政策。

二、核心概念界定

(一)地方政府

对地方政府的定义，可以从以下两个层面进行：一是管辖权力和范围层面的定义。这一层面的定义突出的是地方性特征（Local Governments），强调与公众相接近；抑或是强调层级制，指的是受中央政府统辖的各级下级政府（Subnational Governments）。二是政府职能发挥层面的定义。这一层面的定义着重突出地方政府的职责范围，明确地方政府的本质是承担公众利益的机构，其职责范围包括提供环保服务、医疗服务或交通服务等。除港澳台地区以外,我国的地方政府包括中央直接管辖的四级政府,由上至下依次为省级政府、地级政府、县级政府、乡镇级政府。从当前来看,学术界围绕地方政府展开的研究更多地集中在特定的层级上。考虑到本书在数据收集方面受到的限制,在研究时主要集中在省级政府层面。

(二)环境规制

"规制"的词源为"Regulation"①,也有"Regulatory Constraint"之说,引入到日本以后,被译作为"规制",得到了广泛应用。在实际的应用过程中,"监管"或"管制"也常常是其替代词。植草益(1992)在早期的研究中对"规制"作出了定义,即按照特定规则或标准对社会构成的个人或经济主体对经济活动作出约束或限制一类的行为。根据这一定义,可以将环境规制界定为政府为了达成特定环境管理目的实现某种管理目标,在相应的领域中所制定的管制措施或政策中的表现形式之一。依据规制性质的不同,可以将其划分为两种基本类型:一种是经济性规制,政策规制集中在自然垄断或存在较为明显信息不对等的行业体系中,强调政府对经济活动主体企业的进出或交易定价等方面发挥的作用。另一种是社会性规制,与经济性规制不同的是,其主要作用对象为与经济活动产生一定关联的外部性活动,旨在防止公害泛滥或环境遭受破坏,以达到保障居民生命健康安全的目的。从本质上来讲,环境规制应当被划分为社会性规制范畴,其主要原因在于环境本身就是公共物品中的一种,对其造成的破坏具有明显的负外部性特征。而公共物品所具备的公共性特征就决定了环境不具备竞争性或排他性的特征,极易引发环

---

① 国内学者关于这个词的使用目前还没有统一,有人采用"规制",有人采用"监管""管制"。在汉语词汇中,"管制"一词易使人联想到命令或统治,而"规制"更接近英文原来的词义,因此本书采用"规制"。但是在引用他人的论述时,如果原文使用的是"管制"或"监管",在引用时不做修改。

境开发的"搭便车"①行为。并且"公地悲剧"②理论证明,市场机制并不能有效保护生态环境,"市场失灵"③下的环境问题需要政府通过环境规制解决。

该理论证明,市场机制无法有效保护生态环境,一旦出现"市场失灵",环境问题必须由政府通过环境规制来解决。政府部门和学术界对环境规制的认识和理解经历了一个不断变化的过程。起初,政府在使用环境规制时主要是通过行政手段直接干预关于资源环境的行为,例如发布污染企业实施禁令、非市场转让许可证等。随着经济刺激手段的不断出台,排污费、环境税和补贴等的出现,进一步丰富了政府的行政管理手段,充实了环境规制的概念。于是有学者开始将市场机制和经济手段共同当做行政命令补充形式,拓宽了环境规制的概念范畴,形成了"行政+经济"集合的定义形式,即环境规制指的是以政府为代表的公共部门为了开展环境保护或解决环境问题,所采取的各种行政和经济手段的集合。进入现代社会以后,人们的环境意识有所增强,普通民众在环境污染关注方面持续加强,各种舆论传递至政府和排污企业为其带来的众多压力,而这种压力就是"非正式"环境规制的重要表现形式,对环境治理起着越来越重要的作用。Pargal & Wheeler(1996)研究认为,如果市场缺乏环境规制的激励环境或行政命令效果有限时,个人、公众和社会组织会动用各种非正式规制手段与污染生产、排放企业协商谈判,达成污染均衡协定,减少企业污染排放。Sterner &Kathuria(2002)在研究中也肯定了这一点,指出随着人们对信息不对称理论认知的不断深入,公众除了对以行政命令控制和市场激励为主的正式的环境规制手段认知水平不断提升

---

① 搭便车:指没有付费而获取利益。

② 公地悲剧:在1968年由英国学者哈丁提出,其意是指公共地作为一项资源,有很多拥有者,他们中的所有人都具有使用权,但是每个人都不具有阻止别人使用的权利,由此导致所有人都倾向于过度使用,最后导致资源枯竭。

③ 市场失灵:通过市场配置资源不能实现资源的最优配置。

外,也开始意识到非正式环境规制对环境治理行为的影响作用。

考虑到本书涉及的环境规制主体为地方政府,因此在探讨环境规制概念时不再将公众参与型环境规制囊括其中,但是在分析其他问题时作为参考。结合上述讨论,本书中的环境规制是指以政府为代表的有关部门通过行政手段、市场手段和其他限制性手段,对产生环境污染的组织或个人的经济活动进行管制,将外部成本内部化,旨在实现环境的持续改善和经济的持续发展。

(三)地方政府竞争

地方政府竞争,即上下级政府以及同级不同区域政府间的竞争。当前,地方政府竞争表现形式丰富,既有政治领域的竞争,也有经济和财政领域的竞争,可以简单地将其划分为两种基本的竞争形式:一是纵向竞争,一般是指下级政府和上级政府之间在立法、司法和行政方面等各种经济利益和政治权力的调整和划分方面而展开的竞争。20世纪80年代,地方政府被赋予一定财权和事权以后,因为政治上的晋升锦标赛的原因,中央政府针对地方政府制定了一系列的绩效考核标准实施考核,并以考核结果作为地方官员晋升、降级或去留的重要标准。在此情形下,地方政府会采取各种方式或利用各种途径游说中央政府,同其之间围绕获得更多税收优惠、更多经济发展权限、更多创新政策试点权展开竞争,获得更多政治资源和经济资源上的优势,进而在晋升锦标赛中获胜。二是横向竞争,一般是指地方政府之间围绕政治晋升、稀缺资源和经济利益而展开的竞争。其竞争的目的是吸引更多流动性生产要素并对其进行配置,进而促进当地经济发展。竞争的内容主要包括制度竞争、技术竞争、优质公共服务与物品供给的竞争、资源竞争和提高政府效率竞争等方面。竞争的积极结果是促进了人才和资本的流动,激励当地积极进行制度创新，进而提高当地经济发展水平。但是竞争也有负面影响，首先，地方政府之间可能会进行激烈的恶性竞争，导致出现"地方保护主义"①现象。其次，地方政府为了能够在竞争中取得胜利，可能会利用不正当竞争手段影响市场资源合理配置。再次，地方政府之间的不正当竞争可能会导致地方政府热衷于经济发展，对环境保护的重视不断下降，引发生态环境的急剧恶化。最后，地方政府之间的不正当竞争会加剧地区间经济发展差异的加大，导致贫富差距的加大，不利于整体上区域的协调发展。

(四)环境规制竞争②

竞争是策略性互动行为中的一种，指的是竞争双方为了在与对手的竞争中获得更多的竞争优势，通过对竞争对手决策分析后所做出的对自身发展最为有利的决策。由于本书探讨的核心在于地方政府环境规制竞争问题，因此可以将这一概念简单地理解为地方政府通过环境规制的手段进行竞争，根据其他地方政府制定的环境规制策略或做出的环境规制决策对自身的环境规制策略进行调整、优化的过程。

根据竞争类型的不同，可以将环境规制竞争划分为两种基本类型。一是"策略模仿型"竞争(Race to Imitation)，指的是环境规制政策、策略的制定以他方行动策略为模板进行模仿的一种竞争形式，其存在两种基本形态：其一，一方降低环境规制标准，相邻政府也做出下调环境规制标准类似的策略

---

① 地方保护主义是指政权的地方机构及其成员，以违背中央、国家的政策、法规的方式去滥用或消极行使手中权力，以维护或扩大该地方局部利益的倾向。

② 一些文献也将"环境规制竞争"称为"环境规制的策略互动"或"环境规制竞争性策略互动"，本书认为竞争是策略互动的一种形式，因此本书直接使用"环境规制竞争"，但是在引用他人的论述时，如果原文使用的是"环境规制的策略互动"或"环境规制竞争性策略互动"，本书在引用时不做修改。

予以回应,即所谓的"竞相向下"①行为(Race to Bottom),表现为"恶性竞争";其二,一方提高环境规制标准,相邻政府也做出上调环境规制标准类似的策略予以回应,即所谓的"竞相向上"②行为(Race to Up),表现为"逐顶竞争"。二是"策略替代型"竞争(Race to others),指的是策略方在制定竞争策略时选择与相邻政府相反的策略形式,同样也存在两种基本形态:其一,一方放松环境规制水平而相邻政府则采取加强规制标准的形式,即所谓的"你低我高"的竞争形式;其二,一方加强环境规制水平而相邻政府降低环境规制水平,即所谓的"你高我低"的竞争形式。

三、研究路径与方法

(一)研究路径

本书遵循研究路径如下:问题提出—理论分析—实证检验—研究结论。具体到论文研究问题方面,依次回答了地方政府环境规制竞争"是什么""为什么",从而为"怎么办"提供相应的政策落脚点。具体研究路径如图 1-1 所示。

---

① 有的文献将地方政府间竞争的"竞相向下"称为"逐底竞争",本书认为"逐底竞争"代表竞相冲向底部,而本书认为地方政府间争相降低环境规制标准,但是不一定冲向最低环境规制水平,只是在一定程度上的放松环境规制标准,因此本书使用"竞相向下",但是在文献综述部分进行文献梳理时,如果原作者使用的是"逐底竞争",本书也不做修改。

② 有的文献将地方政府间竞争的"竞相向上"称为"逐顶竞争",为了和前文的"竞相向下"相对应,本书使用"竞相向上",但是在文献综述部分进行文献梳理时,如果原作者使用的是"逐顶竞争",本书也不做修改。

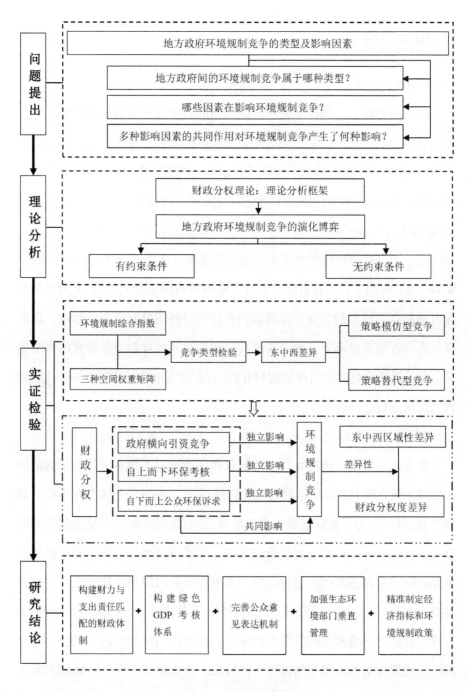

图 1-1 研究路径图

(二)研究方法

1.空间计量法

区域间的联系变得越发紧密，区域间的经济社会指标的相互影响已经远远超出行政空间范围，传统的计量方法以样本相对独立为基本前提在此情形下无法充分保证,造成了实际研究成果与现实情形不相匹配。为了妥善地解决这个问题,本书在研究中将空间效应置于研究框架体系中,综合运用 Moran's I 与 Geary's C 系数以探讨中国的环境规制中存在的特定空间相关性问题。本书在分析过程中采用空间杜宾模型（表达式为 $Y = \rho Wy + X\beta + WX\theta + \varepsilon$），检测了外商投资距离矩阵下横向政府间引资竞争、自上而下的环保考核和自下而上的公众环保诉求三者分别对环境规制竞争的影响，以及在外商投资距离矩阵下三种因素的共同作用对环境规制竞争带来的影响结果。为了提高研究结论的可信度和有效性,在研究中特别使用指标替代法对研究结果进行稳健性检验。

2.演化博弈分析法

博弈论主要用于研究在特定的信息和环境约束下博弈主体取得的最优策略解。地方政府具备一定的自由裁量权,它作为独立经济体存在会接收到各种利益诉求,为了更好地满足多方需求,地方政府在制定环境规制政策时会充分参考对方的环境规制政策或策略。为了理清地方政府在环境规制竞争策略制定时多方互动的运行机理,本书在研究时以演化博弈法为方法论基础,详细地探讨了在引资竞争、公众环保诉求、环保考核等参数约束下地方政府在进行环境规制时所采取的策略选择模式、获得的收益函数,通过动态演化的形式来确定模型的最终平衡状态，进而揭示出在三种影响因素共同影响下地方政府环境规制竞争的竞争方向,并为其寻找相应的理论依据。

3.比较分析法

在本书中,为了更好地检验环境规制竞争在经济距离、地理邻接和外商投资距离三种矩阵下的竞争类型和不同时间段的差异,特别使用了比较分析法,深入分析各影响因素与环境规制竞争之间的作用关系及三种影响因素对环境规制竞争所造成的影响差异;在判断三种因素共同作用于环境规制竞争的影响时,对比分析了三种因素对环境规制竞争的影响效果在不同条件下的差异。通过比较分析法得出的相关研究结论,为后续对策建议的提出提供数据支持。

4.熵值法

熵值法是信息论中的重要方法论。其中的熵是不确定性的度量。在信息论中,信息量与不确定性之间存在同向关系,即信息量越大,不确定性越小,熵值越小。根据这一特性,熵值可以被用来判定指标的离散程度。离散程度越大,对应的指标对综合评价产生的影响越显著。为此,本书以熵值法为基本方法构建环境规制综合指数并确定各指标体系权重大小,从而更加科学地测定环境规制水平。首先,计算第 i 个方案下第 j 个环境规制指标的比重:

$P_{ij} = \dfrac{y_{ij}}{\sum_{i=1}^{m} y_{ij}}$ i = 1,2,L,m;j = 1,2,L,n;然后,进行信息熵 e_i 的计算:$e_i = - K \sum_{i=1}^{n}$

$p_{ij} \ln p_{ij}, (0 \leqslant e_i \leqslant 1), i = 1,2,L,m; j = 1,2,L,n;$ 其中 $K = \dfrac{1}{\ln m}$,m 为样本

数量。计算指标的差异性系数:$h_j = 1 - e_i$;最后得到各环境规制指标的权重:

$w_j = \dfrac{h_j}{\sum_{j=1}^{n} h_j}$。

四、主要研究内容

本研究重点关注地方政府环境规制竞争的类型及其影响因素，研究财政分权体制下地方政府竞争的存在形式和影响因素，以及各影响因素对环境规制竞争的影响和不同条件下三种影响对环境规制竞争的共同作用差异，为中国财政制度改革和建设"美丽中国"提供政策支持。具体内容如下：

第一，中国地区间环境规制的区域差异和时间变化趋势分析。以熵值法的理论思想为指导，基于环境规制的基本定义，选定样本时段为 2004—2017 年，挑选 30 个省份的庭审监察人数、环保验收数目、环境防治项目投资、排污费、环境类行政处罚案件数和环保投资金额 6 项指标作为技术指标构建环境规制综合指数，将 30 个省份按照东、中、西区域分别进行研究，以把握不同区域环境规制强度的地区差异与时间演进趋势。

第二，引资竞争、环保考核和公众环保诉求的区域差异、时间趋势和空间相关性。对引资竞争、环保考核和公众环保诉求在 2004—2017 年的整体变化趋势，以及其在东、中、西区域之间的区域差异和引资竞争、环保考核和公众环保诉求在地理邻接矩阵、经济距离矩阵和外商投资距离矩阵下的空间相关性进行探讨。

第三，检验不同矩阵下环境规制竞争的存在类型。将莫兰指数和吉尔系数运用在环境规制竞争的验证分析中，以探寻在地理邻接矩阵、经济距离矩阵和外商投资距离矩阵中是否存在环境规制竞争，并从中寻找到环境规制空间相关性最强的关联矩阵。此外，着重探讨环境规制竞争的实际表现形式（策略替代型或互补性），了解环境规制竞争的区域性差异和时间变化趋势。

第四，搭建理论分析框架用于探讨地方政府间环境规制竞争产生影响的相关因素。在研究中，以财政分权理论为基础，对政府横向的引资竞争、自上而下的环保考核、自下而上的公众环保诉求和环境规制竞争进行系统性整合，构建一个相对全面的系统性分析框架，提出各影响因素对环境规制竞争作用关系的理论假设。

第五，利用演化博弈法探讨在无约束与有约束两种不同条件下环境规制竞争的策略形式和演化趋势。选取两地政府加强环境规制的情形下得到的中央政府的奖励补贴，两地政府放松环境规制情形下受到的中央政府处罚，一方放松一方加强环境规制下放松一方的经济收益、一方放松一方加强环境规制下加强方的经济收益等不同情形下的相关经济参数作为博弈模型的分析内容，分别核算两地政府的各自收益矩阵，探讨其在五种不同情况下的演化趋势，为确定地方政府环境规制竞争的合理类型提供理论支持。

第六，梳理我国环境规制政策演进历程。通过对现有的文献进行分析总结，梳理了环境规制体制在演绎过程中出现的工具类型，以此为标准对环境规制政策的发展历程进行详细划分，得到 4 个发展阶段，即环境规制初创期（1972—1991 年）、环境规制拓展期（1992—2001 年）、环境规制深化期（2002—2011 年）、环境规制创新期（2012 年至今）。明确了命令控制型与市场激励型两种环境规制工具类型，并对其进行优劣势比较分析。

第七，进行环境规制竞争影响因素的直接效应的实证分析。以空间杜宾模型为实证研究工具，对环境规制竞争的三个影响因素的直接效应进行深入分析。选择 2004—2017 年 30 个省级政府的面板数据作为分析样本，详细探讨了三个影响因素对环境规制竞争的影响关系，并检验了三个影响因素作用环境规制竞争的区域性差异。

第八，对各影响因素对环境规制竞争交互效应进行实证分析。以空间杜宾模型为实证研究工具,对引资竞争、环保考核和公众环保诉求三者的交互项对环境规制竞争的影响关系展开深入分析,对样本数据按照财政分权度水平和区域分布差异为标准进行分组划分,深入探讨三种影响因素在不同的财政分权度和区域分布条件共同作用于环境规制竞争的差异。

五、研究特色

相比传统的研究,本书在研究中选取了空间计量法、演化博弈法和熵值法等前沿的理论和实证研究法,同时考虑到地方政府在财政分权体制下的环境规制竞争问题,对其存在类型进行科学检验,从财政分权的经济分权和政治分权属性中挖掘出地方政府间环境规制竞争的影响因素,构建起相应的理论分析框架,证实和发展了财政分权理论在中国的适用性。

第一,本书在研究中考察了地方政府将环境规制充当流动资本的竞争手段,由此引发区域间的环境规制竞争问题;关注了地理相邻、外商投资相近、经济水平相当的区域环境规制竞争差异;探讨了在绿色发展目标的经济转型过程中地方政府环境规制竞争形势的变化趋势。

第二,本书采取的演化博弈分析法与完全信息博弈法有所不同,它以博弈理论为基础,同时又将动态演化过程考虑进去,能够更加全面、动态、灵活地刻画横向地方政府间环境规制竞争的博弈行为和互动关系,并在研究中引入引资竞争、中央政府的环保考核和公众环保诉求三类指标,详细地探讨了在三种影响因素的约束下地方政府的环境规制竞争演化方向。

第三,与以往地方政府间环境规制竞争研究不同,本书对以往研究中很少涉及的环境规制竞争影响因素进行探讨。在研究中,搭建了相对完善的理论分析框架,从财政分权的基本属性中对环境规制竞争进行横向影响因素和纵向影响因素的提取,丰富了以往研究。

第四,本书在研究中验证了财政分权理论在中国现行管理体制下的适用性,并在前人的基础上有所发展。学术界使用财政分权理论探讨中国经济发展中存在的问题时,大多数学者都支持"用脚投票"机制在中国适用性较差的观点,其理由在于官僚体制为"向上负责"型,公众无法在地方政府的决策中发挥应有的影响作用。而实际上,中国的政治、经济和社会环境较以往已经发生了显著改变,"以人民为中心"思想深入人心,信息技术的发展为民众表达意见提供的多元化的渠道,"公众环保诉求"在地方环境治理中的重要性不断突出,地方政府在制定环境规制竞争策略时也不得不将其作为重要因素予以考量。为此,本书在分析中也重点关注了公众环保诉求这一影响因素在财政分权体制下对环境规制竞争影响的重要性,进一步丰富了财政分权理论,提高了该理论对中国现实问题的解释力。

第二章
文献综述、理论基础与分析框架

第一章绪论明确了本书的研究主题、研究背景和研究方法,本章对国内外学术研究成果进行系统梳理,把握地方政府间环境规制竞争研究前沿与研究缺口,进一步拓展现有研究空间;确立财政分权理论为本书的理论基础,以该理论提供的分析视角作为基本出发点,构建理论分析框架体系,为实践检验提供理论支持。

本章第一部分的逻辑架构安排如下:首先,集中探讨环境污染与经济增长的内在关联,以"环境库兹涅茨曲线""污染避难所假说"和"波特假设"为抓手,简要地分析财政分权、地方政府竞争等基本概念及其与环境污染之间的关系,系统地探讨了地方政府环境规制竞争的种类划分、内在动力和作用效应与环境规制博弈,并就环境规制的测量等研究情况进行文献梳理。其次,详细分析了财政分权理论,从该理论的起源与发展、在中国具体应用的适用性、财政分权体制发展历程等方面着手,对相关内容进行系统性梳理,并以中国财政分权独特的经济和政治属性为基础,构建适应研究和分析的理论框架,为后文实证分析提供理论指导。

一、经济增长、财政分权与环境污染关系研究

(一)有关环境库兹涅茨曲线、污染避难所假说和波特假说研究

1.环境库兹涅茨曲线同中国实际关系的研究

库兹涅茨曲线是西蒙·史密斯·库兹涅茨为了探讨收入水平和收入分配公平度的关联性,于 1955 年所提出的一种假说,主要是指国民收入不均与经济增长呈倒"U"型曲线关系。后来学者 Shafik(1994)、Selden&Song(1994)、Grossman & Krurger(1995)发现国民收入与环境污染之间也存在倒"U"型曲线关系,即在经济发展水平没有达到拐点之前,环境污染程度随着经济增长呈现出持续加强的发展趋势,而到达拐点以后,环境污染反倒会随着经济增长而不断下降。Panayotou(1993)将库兹涅茨曲线首次引入环境领域,提出环境库兹涅茨曲线(Environmental Kuznets Curive,EKC)假说。EKC 假说提出后,学者从不同角度解释和验证该假说,但是因研究方法和样本选择的不同而使结论有显著差别。Galeottia & Lanza (2005)、Suki & Sharif (2020)、Le & Ozturk (2020)认为经济增长与环境污染之间存在 EKC。X.Y.Du & Xie.Z.X (2020)则把环境质量与经济发展之间呈倒"U"形关系作为前提,探讨了如何加速倒"U"型曲线拐点的到来。结果表明,去工业化国家达到拐点的速度比工业化国家快 1.96 倍,技术进步与达到转折点的速度成正比。Carson (1997)、List Gallet(1999)利用时间序列数据进行分析的研究却表明 EKC 曲线并不存在。Zakaria (2017)在研究中也发现随着一国经济的增长,国内的环境污染状况会持续加剧,并不会出现所谓的倒"U"型曲线。M. A. Ansari、S. Haider & N.A. Khan(2020)使用 1991—2017 年数据,将亚洲 37 个国家分为

东、南、西、中和东南亚五个区,使用生态足迹方法探讨了 EKC 的结果,结果显示 EKC 适用于中亚和东亚国家,但不存在于西亚、南亚和东南亚国家。

国内学者对于中国是否存在环境库兹涅茨曲线也做了大量的实证研究,有学者认为中国经济增长与环境污染之间存在 EKC 关系。彭水军和包群(2006)挑选中国省级 1996—2002 年的数据作为分析样本,采取实证研究法检验了大气、固体废弃物及水污染等多类环境污染指标与经济增长之间的关系,结果发现 EKC 存在与否实际上是由污染指标选取所决定。林伯强(2009),马骏等(2017)综合运用各项污染物指标进行研究,研究结果表明,近年来我国经济发展与污染排放之间存在 EKC 关系,并且认为中国现阶段的经济发展水平已经达到 EKC 的倒"U"型拐点。周翼和陈英等(2018)以中国 1995—2015 年的数据为基础,结合动态空间面板模型和 EKC 模型,发现样本期间中国的能源碳排放和夜光灯之间存在 EKC 关系,而且预测 EKC 曲线的拐点将在 2069 年到来。J.X. Liu,J.Y.Qu & K. Zhao(2019)利用中国 1996—2015 年省级面板数据,将非线性与固定效应模型结合起来,对经济增长与碳排放影响之间的关系进行检验。研究发现,CO_2 的排放量同经济增长之间呈 N 型倒数关系。

一部分学者认为中国经济增长与环境污染之间并不存在 EKC 关系。马树才和李国柱(2006)使用协整技术的研究表明,中国人均 GDP 的增加并不能有助于解决中国的环境问题。刘华军等(2017)挑选中国地级以上城市共计 160 个,将 PM 10 和 PM2.5 作为环境污染衡量指标,建立 Tobit 模型检验 EKC 假说的准确性。研究发现,中国城市雾霾污染同经济发展之间存在线性关系。另有学者指出,不能简单地将中国经济增长同环境污染之间的关系用 EKC 假说来概括,因为在不同条件下 EKC 曲线是否存在的结论会存在差异。苏为华和张崇辉(2011),崔鑫生和韩萌等(2019)认为地区间的收入差距以及地区的选择将直接影响 EKC 曲线是否存在的判定结果。范跃民和余一明等(2019)把研究重点聚焦于中国的旅游业,采用 2002—2016 年中国 30 个省市的面板数据,发现从全国范围来讲,旅游业的收入水平同碳排放强度呈倒"U"型关系,在两者之间并未出现 EKC 关系。石琳(2019)挑选了中国 227 个地级市 2001—2015 年的面板数据作为研究对象,将固定效应模型和面板门槛模型结合起来进行实证研究,研究结果发现,中国的经济发展和人均生活垃圾之间并不存在倒"U"型关系,而是明显的正相关关系。

2.污染避难所假说同中国实际关联性研究

污染避难所假说可以追溯到 1994 年 Copeland&Taylor 提出的观点,其要旨是,自由贸易能够使发达国家将高污染产业转移到发展中国家。理由是发达国家国民对环境质量要求比较严格,环境规制也相对严格,这就造成在发达国家污染产业的存在成本高。于是,与环境规制较为严格的国家相比,污染企业能够在环境规制较弱的发展中国家获得成本优势,在这种情况下,发达国家的污染产业便会向发展中国家转移,最终使得发展中国家成为发达国家的污染避难所。

自该假说被提出以后,国内外学者对其进行了丰富的研究检验,但是结论并不一致,部分观点甚至截然相反。一部分学者通过研究证实污染避难所假说是存在的。Markusen(1999)、List & Co(2000)最终发现,经济发展初期发展中国家为了最大限度地招商引资会采取放松环境管制的措施,吸引污染项目在发展中国家落地,出现了"污染避难所"现象。Xing & Kolstad(2002)在研究中详细地分析发达国家的产业状况,结果发现一国的环境标准越宽松就越容易吸引污染密集型产业,而不会对污染程度相对较轻的产业产生显著的影响。Quiroga 等(2007)对于 2000 年 72 个国家的分析指出,环境规制较弱的国家在污染产业方面拥有比较优势。Levinson & Taylor(2008)对 1977—

财政分权体制下地方政府间环境规制竞争及其影响因素研究

1986 年美国、加拿大、墨西哥、加纳等 130 个国家的制造业数据进行深入分析，研究表明研究时间段内减排成本增加幅度排名靠前的行业净进口增加幅度也相对较高，即一个国家的环境规制的加强，其污染产品的生产降低，转而进口，即污染避难所假说成立。A. E. Caglar(2020)以丹麦、芬兰、法国、印度、意大利、摩洛哥、挪威、葡萄牙、瑞典九个国家为分析样本，使用 boot-strap-ARDL 模型分析了 FDI 和可再生能源消耗在增长－排放关系中的作用，结果发现了支持污染避难所假说的证据。

一部分学者并不支持污染避难所假说，甚至认为外商投资与环境质量间存在"污染光环假说"，即外商投资能够带来新的技术创新，进而能够改善环境质量。Cole & Elliott(2005)在检验污染避难所假说中发现，尽管资本积累是招商引资的重要考量标准，但并非环境标准宽松的国家就能够积累充裕的资本，因此国家的环境标准宽松并不一定会吸引过多的国外污染密集型企业或产业，在现实中很难观察到"污染避难所"现象。Friedman(1992)，Becker & Henderson(2000)，Dean(2005)认为，提高环境规制标准并不必然会导致 FDI 流入量减少，在某种时刻甚至还会刺激 FDI 的加速流入。M. Mehmet & C. A. Emre(2020)考察了 1974—2018 年间土耳其的 FDI 与环境污染排放之间的因果关系。研究发现，FDI 的增加会造成短期和长期排放污染物增长速度的下降，结论支持了土耳其案例中的"污染光环假说"的有效性。

那么对于中国这一最大发展中国家而言，是否也出现了所谓的"污染避难所"效应？截至目前，国内外学者围绕相关内容仍未达成共识。应瑞瑶(2006)以污染治理投资额作为环境规制水平的分析指标，对"污染避难所"效应进行检验，结果发现污染治理投资额同 FDI 之间存在显著负相关的关联。陈刚(2009)发现，中国现行管理体制下 FDI 的流入会受到环境规制水平的显著抑制，但是地方政府为了吸引 FDI 的流入，通常会采取放松环境管制标准的措施,恶化中国的环境状况。李伟舵(2015)也肯定"污染避难所"假说在中国的适用性,同时也发现环境规制强度、经济发展水平和平衡度都会影响到 FDI 的吸引力。不过,有学者对该观点持不同看法,认为中国并不存在"污染避难所"。刘荣茂等(2006)以国内 1991—2003 年的审计面板数据作为样本展开研究,结果发现中国三废排放量同 FDI 引进量之间存在显著负关联。许和连和邓玉萍(2012)在研究中引入空间计量分析法对 FDI 与中国环境污染之间的作用关系进行实证检验,结果发现 FDI 的地理集群有助于缓解中国环境污染问题。向永辉和陈庆能(2018)利用外企数据,基于嵌套 Logit 和条件 Logit 两种估计方法进行实证研究,研究结果显示,环境规制能够显著负向影响高污染行业外企,因此提出了需要提高环境规制强度以防止使中国沦为污染避难所。霍伟东等(2019)利用中国城市层面空间面板数据实证分析了外商投资对中国环境污染的影响,结果显示在经济发展初期,外商投资会恶化环境质量,即污染避难所假说存在,但是当经济发展到一定阶段,外商投资会带来技术创新,进而对环境产生外溢效应,从而污染避难所假说不成立。J.X. Liu,J.Y. Qu & K.Zhao(2019)利用中国 1996—2015 年的省级面板数据对其进行检验,结果发现 FDI 水平与二氧化碳排放量呈 N 型倒数关系。吴玉鸣和石欢(2023)将污染避难所假说和波特假说结合起来,利用中国 2007—2018 年各省数据实证研究发现,在中国污染避难所假说存在区域异质性。

3.波特假说与中国实际的研究

波特假说是用来研究环境规制和企业创新之间关系的学说。在波特假说提出之前,前古典经济学派认为环境规制会大量消耗企业成本,挤占企业创新投入,因此得出结论认为环境规制不利于企业创新。但是 Porter & Van der Linde(1995)却认为严格的环境规制会促使企业的持续技术创新,从而消除环境规制收紧所带来的企业规制成本，进而可以提高企业的创新能力和竞争力。此后，学术界关于波特假说是否符合企业客观现实的问题一直争论不休。一部分学者支持波特假说，肯定了环境规制同企业创新的正相关的观点，而另外一些学者持相反观点，认为单纯依靠环境规制引发的技术创新无法充分协调经济发展和环境污染之间的矛盾，更严格的环境规制可能会导致企业竞争能力的下降。

关于波特假说，国内学术界尚未达成共识，但大部分研究结论都支持波特假说。原毅军和谢荣辉（2016）利用 Luenberger 生产率指数和 SBM 方向距离函数，通过 1999—2012 年中国各省的面板数据实证检验了环境规制与工业绿色生产率的关系。研究发现，不同类型的环境规制会带来不同的影响后果：投资型规制会负向影响工业绿色生产率，费用型规制和工业绿色生产率呈"U"型关系，于是得出强波特假说不仅与环境规制强度相关，也与环境规制类型相关的结论。杨友才和牛晓童（2021）将《中华人民共和国环境保护法》（2021）的实施作为一项准自然实验，利用中国重污染行业上市公司的数据，凭借 PSM-DID 方法得出，《中华人民共和国环境保护法》（2021）促进了重污染行业上市公司的技术创新，且对于股权集中度较高的公司和非国有控股公司意义更为重大，符合强波特假说。余泳泽和林彬彬（2022）利用中国 2006—2019 年的中国沪深股市 A 股上市公司的企业和行业层面的数据，实证检验了创新与减排目标约束的内在关系。研究发现，SO_2 在"十一五"期间设定的减排目标约束对企业技术创新带来了显著的促进效应。而且这种促进效应主要在发达地区的企业，非国有企业和工业化水平高的城市中的企业更为明显，从而支持了波特假说在中国的存在性。贾智杰、林伯强和温师燕（2023）以碳试点为例，探讨了碳交易机制与全要素生产率的关系。PSM 加权 DID 模型结果表明，碳交易机制并没有显著提高试点城市的全要素生产率,因此强波特假说在试点城市不存在。但在国家层面,碳交易机制极大地提高了全要素生产率,且碳交易机制的技术扩散效应大于污染效应。因此,国家层面的分析结果支持了波特的假设。

(二)财政分权、地方政府竞争与环境污染关系研究

1.财政分权与环境污染的关系研究

目前学术界在相关研究领域涌现出三种主流观点:

一种观点认为财政分权恶化了环境污染。持这种观点学者给出的解释是,在中国经济分权与政治集权的双重治理背景下,上级政府拥有地方官员的晋升主控权,辖区民众的意愿对地方官员的晋升产生的作用不大,上级政府的直接任免仍然是主要途径。而上级政府在对地方官员进行考核时通常会设定 GDP 的标准,在这一考核导向影响下,地方政府很容易会表现出"轻环境保护"和"重招商引资"的倾向,造成财政分权恶化环境污染。贺俊等(2016)在分析中,将生产与效用函数导入到环境质量和环境污染两者之间的作用关系中,通过梳理分析模型推导出财政分权能够负向影响环境质量。随后,又使用面板数据对这一关系进行了检验,证实了这一关系的存在。张根能等(2016)将收入和支出分权作为基本分析维度,利用面板数据检验两者之间的作用关系,结果发现不管是收入还是支出分权度的提升,都会使得环境质量水平显著下降。彭小兵和涂君如(2016)在研究中运用熵值法建立起环境污染综合评价指数,将其应用到实证分析中对财政分权与环境污染的作用关系进行检验,证实了两者之间的正相关性。田时中(2017)从区域层面和全国整体层面对两者的关系进行系统性检验,结果发现财政分权度的提升对环境污染的危害在不同区域均会存在。丁鹏程和孙玉栋等(2019)挑选了 2007—2016 年中国多个省(直辖市、自治区)的面板数据作为研究样

财政分权体制下地方政府间环境规制竞争及其影响因素研究

本,利用固定效应模型对财政分权与空气污染的影响关系进行实证检验。研究结果表明,财政分权会对空气污染水平产生显著的正向影响,但政府行为对其影响在轻度污染和重度污染地区存在较大的地区差异。姚孟仙和张寒松(2019)挑选了中国西部地区 2007—2017 年 11 个省份的数据,同样使用的是固定效应模型对两者的关系进行实证检验。研究发现,在西部地区,财政分权的出现使得环境污染水平有所提升,并且财政支出分权的影响效应超出财政收入分权。肖超和肖挺(2019)研究发现,财政分权会导致污染加剧。但随着经济发展水平的提高,这种污染效应将会减弱。常文涛和周新建(2023)利用中国 2007—2021 年数据,通过实证研究发现,财政分权等级程度的增加会使雾霾污染加剧,其作用机制是削弱环境规制水平,加剧邻近地区环境规制水平的"向下竞争"。

一种观点认为财政分权抑制了环境污染。持这种观点学者给出的理由是,财政分权会使得地方政府在财政收支方面具有更高的自主权,尤其是在高财政分权度的区域,地方政府的财政支出更加自由,能够投入更多资金在环境治理领域中。薛钢和潘孝珍(2012)在研究中指出,提高财政支出分权度能够显著改善环境治理成效,降低环境污染程度。谭志雄(2015)在研究中发现,地方政府财政分权度越高,治理环境投资的资金力度越大,环境污染水平越低,于是推导出两者之间显著负相关的结果。贾友红和李向东(2017)在省级层面使用空间计量模型检验两者之间的内在关系,研究后发现财政分权有助于改善当地环境质量水平,抑制环境污染。刘海英和李勉(2017)在研究中指出,财政分权为地方政府提供了了解民众需求的便利,也使得地方政府更有意愿实现高质量的环境公共服务供给。郑洁等(2018)将比较优势作为研究的切入点,对财政分权带来的区域比较优势效应的提升进行了简要阐述,指出财政分权能够进一步优化资源要素与合理匹配产业的结构性,以减少产业发展中带来的环境污染。汪克亮和赵斌等（2021）利用中国 2000—2018 年 30 个省的数据，运用空间杜宾模型进行实证研究发现，财政分权和政府创新偏好都能够显著抑制雾霾污染，进而提出了"有效市场+有为政府"的雾霾治理模式。

一种观点认为财政分权与环境污染并不存在所谓的线性关系，而是存在非线性关系。例如，李猛（2009）在研究中根据中国的实际对"环境库兹涅茨曲线"进行修正后提出新的假说，并对其进行检验，结果发现财政能力水平同环境污染度呈倒 U 型关系，而且当前我国地方的财政能力尚未达到拐点。刘建民等（2015）选取中国 272 个地级市以上城市作为研究对象，构建了 PSTR 模型对 2003—2012 年的面板数据进行检验，研究发现，两者之间的平滑转换机制确实存在，财政分权同环境污染的关系不是线性关系，而是非线性关系。王育宝和陆扬（2019）构建了四部门内生增长模型，选取 2000—2016 年中国 30 个省级行政区的面板数据进行分析，财政分权加剧了环境污染，但是财政分权会随着人均 GDP 与 FDI 的不同对环境产生非线性的影响效应。

2.财政分权下地方政府竞争动因研究

国外关于地方政府竞争的研究可以追溯至亚当·斯密的相关著作。亚当·斯密(2015)在其专著《国富论》中明确指出，正是因为土地的固定属性和资本的灵活属性，资本所有者更倾向于将自有财产从赋税严重且存在频繁调查的区域转移至便于营业的区域。对地方政府竞争进行系统性研究的学者是 Tiebout，早在 1956 年，他便在名为 *A Pure Theory of Local Expenditure* 的文章中首次提出"用脚投票"理论，该理论指出，在居民可以自由流动的基本理论假设的前提下，地方政府受到"用脚投票"机制的影响，为了吸引更多的生产要素流入，地方政府会极力提升公共福利水平，于是地方政府之间就会出现生产要素的竞争，而这种竞争带来的结果是整体上公共服务效率的提升。哈耶克(1997)在文中指出，地方政府竞争的存在为公众自由发展提供了基本前提。尽管并非任何一名公民都具备迁移的打算，但在各种社会群体中(尤其是企业家或年轻人)自然迁徙已成必然，这样一来地方政府必然会感受到较大的人才流动压力，为了减轻压力，地方政府通常会将为公众提供高效、优质的公共服务作为重要考量内容，从而更好地吸引人才流入和减少人才流出。在"用脚投票"理论的基础上，Breton 发展出"竞争型政府"理论体系，构建了相对完善的分析体系。Breton(1997)将政府竞争定义为一是因晋升空间有限或在内部利益驱动下政府职能部门间的竞争，二是在互不隶属的区域间开展的政府的各个层级的竞争。从竞争内容上来看主要集中在两个层面：一是针对各种经济要素的竞争，如资本要素、劳动力要素等，通常会表现出明显的市场竞争性特征；二是针对上级资源分配方面的竞争，如重点项目建设的资金分配、财政收入分配等。在这两个层面多种形式竞争的共同作用下，带来了差异化的地方政府绩效表现。

关于中国的地方政府竞争，何梦笔(2009)在研究中指出，改革开放以后，中央和地方通过分权试验建立起地方政府竞争机制。这种经济分权引发的政府竞争，带动了地方经济的增长，为中央决策的贯彻落实提供了基本保障。周黎安(2004)在研究中将锦标赛理论运用在中国问题的分析中，结合中国的政治体制，构建了官员晋升锦标赛理论。该理论指出，独特的政治集权体制下的中央政府将经济增长作为地方政府的政绩考评指标，同时也是官员去留、升迁、罢免的依据，因此地方官员为了获得晋升就会有更大动力去推动经济发展。唐丽萍(2010)认为，中国通过实施财政分权和建立市场经济体制的方式，使地方政府实现了由中央代理人向独立治理主体的顺利转变。在分权体制下，地方政府获得了更多的财政支配权，使得地方政府在执行中央政府制定的各种政策后，可以根据实际需要对辖区内事务进行管理，进一步提升其自理能力和彰显治理价值。由于地方官员的人事任免和晋升的权力主要掌握在上级政府的手中，为了获得更多的资源，地方政府之间就会进行横向博弈，产生一种紧张的竞争关系，进而引发彼此间激烈的横向竞争。

也有一些学者认为，我国地方政府在制定竞争策略时不再将 GDP 增长作为唯一追求，汪伟全（2005）在文中指出，地方政府的竞争表现在多个层面，尤其是在公共物品的供给、经济资源的争夺、有利政策的竞争等方面表现得更为明显。陈钊和徐彤（2011）在研究中发现，一国的地方政府在经济发展之初，很容易会出现"为增长而竞争"的现象；经济发展步入正轨以后，政府开始将社会福利最大化当做竞争的核心目标，即在不同经济发展阶段地方政府的目标函数存在差异。唐睿和刘红芹（2012）经过实证研究发现，地方政府采取的竞争方式或做出的竞争行为已经基本上告别了传统的 GDP 导向下的一元竞争模式，于是在此背景下，他们提出了地方政府基于多种竞争目标构建的多元化竞争模式。周尚君（2014）在研究中指出，中国经过改革开放近 40 年的发展以后，传统的经济社会管理方面的竞争逐渐让位于经济社会治理竞争。卞元超和白俊红（2017）在文中指出，我国地方政府的竞争形式存在差异并以国家提出"创新驱动发展战略"为分界线：在该战略提出之前，地方政府的竞争主要体现在单纯的"为增长而竞争"；该战略提出之后，逐渐转向为"为创新而竞争"和"为增长而竞争"共存的形式，但即使如此，一些学者在研究中对"为创新而竞争"的重视程度不够。王华春等（2020，2022）经过多次研究后逐渐梳理出在国家治理理念转变和"新常态"①，考核问责机制调整等多种因素的影响下，地方政府的竞争逐渐演化出为环保而竞争的竞争形式。

---

① 经济进入新常态要求中国经济从重规模向重结构转型，从要素驱动、投资驱动转向创新驱动，从重总量控制向重民生改善转型。

3.地方政府竞争与环境污染的关系研究

在财政方面,地方政府之间展开竞争的主要表现形式为税收与支出竞争,即以获取更多税收为竞争目标,各级地方政府或各个区域的地方政府从事着不同形式的支出或税收竞争,而多元竞争形式在很大程度上影响着环境污染治理。

第一,税收竞争与环境污染之间的作用关系。从当前来看,学术界对这一问题的探讨主要是从两个方面展开。一是税收竞争环境效应。早在20世纪80年代,Cumberland(1981)就简要地论述了税收竞争同环境污染两者之间的内在关联。在他看来,地方政府采取"恶性税收竞争"的手段,会造成环境资源浪费、降低环境质量。例如,为了创造就业或吸引流动税基,地方政府有可能会适当地降低环境标准,减少对企业社会成本的摊派,导致环境污染程度加剧。随后,Potoski(2001)在研究中通过实证方式,详细探讨了《清洁空气法案》颁布和实施以后美国大气污染状况的变化情况。在研究中Potoski将地方政府的目标设定为辖区居民福利最大化,以此为基础详细探讨了美国各州之间采取的税收竞争方式造成的结果,结果显示各州的税收并不必然会出现"趋劣竞争"的结果,有的州在这种竞争模式下反倒会出台更高的环境标准,呈现出明显的"趋优竞争"特征。

国内学术界也在税收竞争环境效应方面做出众多努力,例如白俊红和路嘉煜(2013)在研究中选择使用熵值法以SO_2、工业固体(气体、废水)排放总量等多个指标作为基础构建了一个系统性的环境污染综合指数,将空间计量法运用在实际的研究中定量分析税收竞争的环境效应。研究后发现,税收竞争的环境污染效应存在明显的地区、经济发展阶段异质性特征,例如在经济落后的地区,税收竞争会造成环境污染的加剧;而在经济发达的地区则会出现税收优惠带来的公共服务供给的增加和服务质量水平的提升,进而造成环境质量的显著提高。姚公安等（2014）在研究中详细地探讨 2007—2011 年中国各个地区的面板数据中各个变量之间的关系，结果发现税收水平同工业三废排放之间呈显著负相关，即税收竞争会正向改善环境污染状况。贺俊（2017）选取我国多个省份 2003—2012 年的面板数据作为分析对象，通过实证研究的方式探讨了税收竞争与环境污染之间的密切关联，结果发现两者之间呈现出明显的长期稳定的均衡关系，且显著负相关。周林意和朱德米（2018）在研究中建立了多地区局部均衡研究模型，将空间滞后模型引入其中展开实证分析，结果发现区域税率的降低会造成环境污染的增加，与此同时，临近区域所作出的税率调整也会在一定程度上正向影响到本地区的环境污染程度。田时中和张浩天等（2018）以 2000—2016 年省级面板数据为分析单位建立动态面板回归模型，探讨税收总量竞争和税收结构竞争对环境污染的影响，研究结果显示，政府间税收总量竞争显著抑制污染排放，从税收结构来看，企业所得税竞争能够有效抑制环境污染，增值税竞争则加剧了环境污染。

二是揭示税收竞争影响环境质量的影响机制。Wilson（1999）、Rauscher（2005）在研究中发现，为了拓展税基，地方政府可能会采取放松管制和降低税率等多种并行策略来扩大税基，由此引发环保投入的缺失，导致"趋劣竞争"的出现。崔亚飞和刘小川（2010）在研究中详细地探讨了我国省级政府层面税收竞争所引发的"趋劣竞争"问题，其主要的作用机制在于税收优惠的出台与环保标准的降低使得环境污染加剧；再加上一些地方政府为了解决环境污染问题时，倾向于使用"跷跷板"策略，缺乏对固体废弃物等外溢性不大的污染行为的积极治理的动力，而对于工业废水和二氧化硫等所采取的治理策略较为积极。刘洁和李文（2013）挑选了中国 20 多个省份 2000—2009年的面板数据展开实证分析，结果发现，采取税收竞争的方式进一步诱发了环境污染的加剧,且表现出明显的空间相关性特征,其内在的作用机制为放松环境管制和降低税率。李香菊和贺娜(2017)构建的一般均衡模型深入探讨了税收竞争与环境污染之间的影响机制,研究发现,地区与地区之间在税收竞争强度方面程度越强,所引发的环境质量越发明显。此外,税收竞争会造成资本投入与环保支出的变化,会导致外溢物的整体性排放量增加。张华(2019)基于 2005—2013 年中国 274 个地级市的面板数据,分析认为地方政府间的税收竞争主要通过弱化地方政府环境治理的意愿,进而加剧了环境污染。

第二,财政支出竞争对环境污染的影响。在财政分权体制下,中央政府赋予了地方政府众多权利,其中财政支出权是重要的权利之一。国外学者 Case et al.(1993)首次在研究中发现各级地方政府存在横向的财政支出竞争现象,于是他以美国各州的数据为基础进行深入研究,发现地方政府所在区域财政支出每增加一美元就会带来相应地区同向增加 70 美分。这一研究结论得到 Baicker & Lundber(2005)证实,地方政府在财政支出上存在横向影响关系,财政支出具有空间依赖性和关联性特征。此外,有学者开始深入地探讨政府支出竞争与环境污染之间的作用关系。如 Tiebout(1956)在研究中发现,一定程度的地方政府支出竞争有助于提升政府财政支出效率,优化公共服务供给结构。但其他学者多是持反对意见,认为财政支出竞争反倒会加剧地方政府行为的短期性,进而造成环境质量恶化。Wilson(1999)、Rauscher(2005)在研究中发现,为了更好地抢夺经济发展先机,地方政府采取各种形式的财政支出竞争,利用税收激励获得竞争优势,但与此同时也会产生放松环境管制或降低污染企业税率等行为倾向,出现"趋劣竞争",造成环保支出短缺和效率下滑,进而降低社会整体福利。

国内学者主要集中通过对财政支出竞争引发的社会效应层面的研究来

对财政支出竞争带来的环境影响进行分析。张恒龙和陈宪(2006)在实证分析中指出,地方政府通过支出竞争的形式提升了区域基础设施建设水平,但抑制了公共服务水平的提升。傅勇和张晏(2007)以中国现行的财政分权体制为条件约束,深入地探讨了"为增长而竞争"的竞争策略造成地方政府在财政支出结构方面的恶化与扭曲,即在基础设施建设上热情高涨,而在长期的公共服务投资上缺乏动力,造成公共物品供应数量不足的结果。

考虑到环境支出在财政支出中的特殊地位,有些学者绕开财政支出直接对环保支出竞争带来的环境治理效应进行深入分析。张征宇和朱平芳(2010)在研究中选取了276个中国地级市2002—2006年的面板数据作为样本,考察环保支出竞争行为。结果发现中高分位点上的环保支出规模带来显著的同期外溢效应,而且随着分位点的扩大,外溢效应持续增强。陈思霞和卢洪友(2014)也肯定了环保支出竞争普遍存在的观点,并在文中指出环保竞争强度存在省域差异,同省份内要明显小于跨省分类竞争强度。Deng等(2012)将空间自回归模型应用在中国的地级市环保支出数据检验中,通过对249个地级市2005年的面板数据进行检验后发现,一个城市环保支出增加后,其相邻地区的环保支出会减少。张华(2016)通过中国城市数据对环保支出效应进行实证检验后发现,我国的环保支出存在明显的"竞相向下"的模仿特征,"竞相向下"的争相模仿造成环保支出供应不足,无法达到降低环境污染的效果。当然,也有学者持不同看法。王华春等(2019)在研究中指出,近些年来随着中央环保问责工作的不断落实和严格推进,地方政府对环境治理的重视程度不断提高,带来了环保支出的"竞争向上"的变化,临近区域的地方政府纷纷采取"你多投我也多投"的投资策略,显著地改进了环境质量水平。曹鸿杰等(2020)采用2007—2015年中国各省的数据,运用空间杜宾模型发现中国的地方政府之间的财政环保支出存在策略互动,但不属于

"逐底竞争",外商直接投资和财政分权也不是导致地方政府出现环保财政支出的"逐底竞争"必然因素。

二、地方政府环境规制与环境规制竞争研究

(一)环境规制竞争的类型、动因与效应的研究

1.地方政府环境规制竞争的存在及类型的研究

从当前来看,在相关研究领域学术界持有三种主流观点:

一是"竞争到顶说"。Glazer(1999)在研究中建立起两个联邦政府投票模型,该模型以经济利益取得为基本出发点观测中位投票者的行为特征。结果发现,从全国层面来看,中位投票者倾向于反对管制;从特定区域层面来看,中位投票者存在较高的环境偏好,会带来所在区域甚至超出地方政府的环境规制标准,而最终带来的结果是投票者环境偏好趋同,进而驱动地方政府实施更加严格的环境规制。Fredriksson & Millimet(2002)选取美国各州环境规制竞争作为研究对象,检验了环境规制竞争效应的真实存在,并且发现州与州之间地方政府在环境规制上的付出成本呈显著正相关,由此表明本州和邻州环境规制有明显的强度趋同的特点。Levinson(2003)以 Fredriksson 模型为参照,对环境规制竞争进行深入了分析,得到的结论基本一致。研究过程中他还发现,里根执政期间地区环境规制竞争有弱化的趋势。

二是"竞争到底说"。Stewart(1977)在研究中指出,因为资本的流动性特征会使得资本在不同环境规制程度的区域发生流动时,通常会选择流向宽松的环境规制区域。受此影响,各个地区的地方政府都会下调环境规制标准,从而引发环境规制的"趋劣竞争"现象。Oates & Schwab(1988)在构建的

资本竞争模型中对竞争到底效应进行检验,结果发现,在资本税大于零的情形下,地方政府通常会采取放松环境规制的方式为其带来更多的地方财政收入,由此造成"竞争到底"的出现。Woods(2006)在研究中为"逐底竞争"假设的成立提供了证据。他在研究中针对美国各个州露天采矿规制执行情况进行深入分析,研究发现所在地区的规制执法强度的规制行为受竞争地区规制行为的影响。某州环境规制执法强度超过竞争州时,就会采取降低执法强度的策略;反之,则不会对现行的环境规制执法强度进行调整。

三是环境规制存在竞争但不属于上述两种竞争形式。Konisky(2007)以《清洁水法》《资源保护和再生法》《清洁空气法》等美国联邦污染控制计划作为研究对象,分别探讨各州环境规制的竞争行为,结果发现虽然环境规制竞争行为存在,但并非"逐底竞争"效应,也未呈现出明显的对称性策略互动特征。Renard & Xiong(2012)延续前人研究思路,将空间自回归和非对称反应等模型运用在中国地方政府环境规制竞争分析中发现,虽然地区间存在环境规制竞争行为但不属于"逐底竞争"效应,而且竞争类型随着产业结构和财政分权度的变化而变化。

国内对环境规制竞争也进行了一定的探讨。杨海生等(2008)在研究中指出,中国地方政府通常会具有放松环境规制的决策和行为倾向,由此造成整体上环境规制强度下降,进而出现"逐底竞争"问题。张文彬等(2010)以杨海生的研究为参考,并在此基础上有所拓展,就中国省级环境规制竞争形式进行分时间段检验,结果发现:1998—2002年,我国的环境规制竞争具有明显的差别化竞争特征;2004—2008年,以行为趋优竞争为主,逐渐转向"竞相向上"。之所以会出现这种竞争策略的转变,与中国政府在发展理念上有所调整和环境绩效考核的持续加强息息相关。朱平芳和张征宇(2011)在研究中指出,我国地方政府间的环境支出存在当期效应和跨期效应,即地方政府

的环境保护支出不仅在当期存在竞争,在跨期也存在竞争。赵霄伟(2014)在
研究中也同样得到了地方政府在制定环境政策时存在明显的模仿行为或策
略博弈的结论。陈思霞和卢洪友(2014)认为中国的环境公共支出存在着策
略互动,在财政分权体制下,经济增长的绩效考核压力加剧了环境公共支出
的"逐底竞争"。张华(2016)在研究中将误差项所引发的空间相关性问题考
虑在内,使用广义空间自回归模型对区域环境规制策略互动问题进行深入
探讨和分阶段检验,结果发现,我国地方政府的环境规制水平存在明显的策
略互补型特征,但在2006年以后,策略互补行为特征有所减弱。李拓(2016)
对中国省级面板数据进行分析,构建了空间自回归模型对这一问题进行实
证检验,研究发现,在中国土地财政政策的导向下,环境规制"逐底竞争"问
题显著,而且还表现出竞争差异大、竞争激烈的特征。长期的"逐底竞争"引
发了低水平的环境监管,进一步强化了土地财政的扩张,导致环境污染加
剧。薄文广(2018)对我国地方政府的环境规制分为自主型环境规制、市场激
励型和命令控制型三种类型,并从地方政府吸引FDI这个视角上对中国数
据进行实证检验,结果发现不同类型的环境规制表现出不同的竞争状态和
发展趋势,自主型环境规制呈现"逐顶竞争"趋势,市场激励型和命令控制型
环境规制呈"逐底竞争"状态。余升国、赵秋银和许可(2022)从理论层面基于
古诺模型和斯塔克伯格模型提出环境规制竞争类型的假设,并利用非线性
模型和空间计量模型进行实证研究,结果显示,东部地区的环境规制竞争类
型属于策略互补型竞争,最终形成"竞相向下"的逐底竞争状态。从整体上
看,东中西部地区环境规制竞争的竞争策略同时具备替代和互补特征,最终
不会形成恶性竞争的状态。

2.环境规制竞争动因研究

当前,学者在环境规制竞争动因分析中主要采取的是以下两种研究

视角：

一种是地方政府竞争视角。这种观点将环境规制竞争的存在归结于政府的竞争。孙学敏和王杰（2014）在研究中发现，我国地方政府官员普遍将严格的环境规制与辖区污染企业高生产成本联系起来，认为这种政策不利于区域经济增长和整体竞争力的提升，而且"唯 GDP"的考核标准的引导，进一步强化地方政府放松环境管制的行为，造成大量污染企业流入管辖区域，由此造成环境规制"逐底竞争"的出现。Porter & van der Linde（1995）在文中指出，严格的环境规制会促使企业的持续技术创新，从而消除加强环境规制所带来的企业规制成本，进而可以提高企业的创新能力和竞争力，这就是著名的"波特假说"。根据这一假说可知，地方政府可以加强环境规制强度，有望实现环境规制的"竞相向上"。

另一种为环境外部性视角。持这种观点的学者认为，环境规制竞争的产生源于环境外部性。环境资源具有明显的治理正外部与污染负外部性特征，正是由于环境产权缺乏清晰界定，才需要通过政府规制将污染的负外部效应内部化（李郁芳和李项峰，2007），因此在全局性污染或跨区域污染问题的治理方面，会存在明显的区域相邻的政府间的搭便车行为，引发公地悲剧（李伯涛和马海涛，2015）。马本等（2018）利用中国 2002—2007 年地级市数据探究中国环境规制存在竞争的逻辑机制，研究结果发现，城市环境监管策略的互动机制主要是由收益外溢所决定，因此会出现更加明显的"搭便车"现象。

3.环境规制竞争的效应研究

针对环境规制竞争的效应，学术界从不同角度进行了理论分析和实证研究，丰富了环境规制竞争的相关理论和实证证据。

一是环境规制竞争与企业选址。环境规制力度的加大增加了企业的生产成本,对企业的创新行为产生显著影响。因此,企业在区位决策时也会将环境规制作为重要考评内容。贺灿飞和周沂(2016)收集了一组企业生产运营数据对其进行深入分析后发现,污染企业在进行选址时偏好集聚效应强的区域,而非环境规制宽松区域。金刚(2018)在文中将"波特假说"与"污染避难所假说"结合起来,选择中国285个地级市2004—2013年10年间的面板数据作为样本进行实证分析,结果发现,地理区位相邻的地方政府的环境规制竞争会引发污染产业的加速转移,经济发展相近的地方政府的环境规制竞争则会带来企业技术创新而非产业转移。

二是环境规制竞争与经济增长。在这一研究领域,学术界主要以"波特假说"作为分析工具对环境规制和经济增长之间的关系进行分析,鲜有对环境规制竞争与经济增长之间的关系进行研究。我国目前只有赵霄伟(2014)对这一问题有过研究。研究中发现,我国环境规制竞争的经济增长效应具有区域异质性特征,具体来说,中部地区的环境规制竞争属于是"逐底竞争",区域政府间的环境规制竞争对经济增长带来负面影响;东部、东北地区是"差异化竞争",区域政府间的环境规制竞争对经济增长产生积极影响。这印证了环境规制的"逐底竞争"并不一定能促进经济增长。

三是环境规制竞争与污染治理。刘帅等(2016)挑选了中国30个省份2000—2016年面板数据作为分析对象,将空间杜宾模型应用在环境规制竞争的多类型检验中发现,我国环境规制竞争具有明显的"逐底竞争"特征,且污染物不同,政府的环境规制竞争状态上也存在差异。例如,在处理废水污染时,环境规制以"标尺竞争"为主;在治理废气和废物污染时,环境规制具有明显的"弱竞争"特征。陈卓等(2018)采取类似的分析方法,同时考虑到中国现行的财政分权体制,重点探讨了地方政府环境规制竞争与各个省域雾霾污染的关系。结果发现,我国地方政府在环境规制竞争方面的策略选择具有明显的差异化特征,整体上能够有效抑制雾霾污染。

四是环境规制竞争与产业结构调整。郑金铃(2016)选取我国 279 个城市的面板数据,借助于空间杜宾模型检验了环境规制竞争对产业结构升级的影响。研究发现,环境规制竞争对产业结构升级的影响在中西部地区更为明显,在东部沿海城市则并不适用。

五是环境规制竞争与地区生态效率。李胜兰等(2014)以中国省级面板数据为研究对象,将空间面板联立方程运用在实证分析中以检验两者之间的影响关系。经过研究后发现,我国地方政府在制定环境规制策略和组织实施过程中均采取策略模仿竞争策略,阻碍了区域生态效率的提升,这一过程也是动态变化的,例如从 2003 年以后,地方政府的环境规制逐渐告别了"模仿"阶段,进入"独立"施行状态,环境规制策略所带来的制约效应逐渐减弱,并表现出"促进"的变化趋势。何爱萍等(2019)对中国 30 个省 2001—2015年的面板数据进行实证分析,验证了环境规制竞争对绿色发展效率的积极作用关系,与此同时,研究证实地方政府竞争和环境规制与绿色发展效率之间的关系。在两者共同作用下,表现出绿色发展效率受到抑制的结果,也造成了中国绿色发展效率长期低位徘徊的局面。

六是环境规制竞争与就业。蒋勇和杨巧(2019)以财政分权作为基本研究视角,将两者共同纳入到同一个分析框架中,运用空间杜宾模型进行实证研究。结果表明中国的环境规制与就业呈"U"型关系,加强环境规制将抑制就业增长。周五七和陶靓(2021)利用 2003—2017 年中国 30 个省份的数据,运用空间杜宾模型进行实证研究,结果表明中国的环境规制同就业之间具有明显的空间溢出性,但从总体上来看,环境规制竞争带来的就业效应尚不明显。

(二)环境规制博弈的研究

竞争是策略性互动博弈行为中的一种，旨在实现利益主体的利益最大化。环境规制涉及多元利益主体，因此环境规制博弈主要集中在多个利益主体之间，目前关于我国实施主体之间环境规制的博弈研究主要集中在三个方面。

1.地方政府间执行博弈研究

潘峰(2014)在研究中针对约束机制存在和不存在两种不同情形下，分别对环境规制执行策略进行比较分析，发现在缺乏约束条件下，地方政府可能陷入"囚徒困境"[①]；在引入约束机制的条件下，地方政府环境规制的实施将朝着帕累托改进的方向演化。彭皓玥(2016)构建了跨区域环境规制执行博弈模型，对多种情形下博弈模型的量化稳定点和鞍点进行系统分析。初钊鹏（2017）在建立的环境规制演化模型中对区域相邻政府执行博弈进行研究，结果发现环境的负外部性使得地方政府作为不同的博弈方获得的执行收益并不对等，地方政府的最佳实施策略是"搭便车"，通过将中央政府约束机制引入其中，有助于引导地方政府朝着合作治理的方向发展。陈宇等(2019)进一步研究发现中央政府的行政发包制使地方政府向着双方都选择"不规制"的策略方向演化，而中央政府的监管行为是重要的纠偏机制。陆立军等(2019)在研究中发现，地方政府对环境规制执行的成本和收益进行权衡后确定环境实施策略，如果环境规制成本超出收益，存在"趋底竞争"，反之，则存在"逐顶竞争"。

---

① "囚徒困境"是1950年美国兰德公司的梅里尔·弗勒德(Merrill Flood)和梅尔文·德雷希尔(Melvin Dresher)拟定出相关困境的理论，后来由顾问艾伯特·塔克(Albert Tucker)以囚徒方式阐述，并命名为"囚徒困境"。指两个被捕的囚徒之间的一种特殊博弈，说明为什么甚至在合作对双方都有利时，保持合作也是困难的。

2.中央政府和地方政府的环境规制博弈关系研究

洪璐等(2009)构建了环境治理总收益函数,分别从中央政府和地方政府两个层面就该函数展开探讨,结果发现两个函数主要差异的核心在于政府行为差异,于是他们提出通过发展循环经济、构建环境问责制度等方式来提升地方政府环境治理积极性,实现环境治理总收益函数最大化。郝杨(2010)在研究中重点探讨中央和地方政府在行动方面的不同序列,将其纳入不完全信息博弈框架体系中,以自身利益最大化为基本出发点,对中央先行和地方先行两种不同博弈策略得出的最优解进行差异分析,并给出了在污染治理方面中央和地方信息共享、加强协调以实现利益均衡的建议。潘峰(2015)以环境规制中中央和地方政府所采取的策略为基础,构建了非对称演化博弈模型,通过该模型研究发现,中央政府所制定的处罚额及付出的监督成本都会在一定程度上影响中央政府和地方政府的演化策略。高明(2016)详细探讨了在存在和不存在中央政府约束情形下的地方政府合作治理、属地治理的演化博弈,结果发现在属地治理的情形下,中央政府的约束无论存在与否,地方政府均表现出"搭便车"行为倾向;在合作治理情形下,地方政府寻求的稳定策略有两类,即合作治理和均不治理。在中央政府的约束下,地方政府的最佳治理策略为合作治理,其治理行为也朝着这个方向演进。王欢明(2017)为检验中央政府颁布或实施的系统性经济政策与管理规制之间的影响关系,将中央和地方政府、企业纳入博弈模型中,引入激励机制,建立约束条件,最终构建了三方演化博弈模型,分别将最佳规制效果和最佳规制强度作为目标函数,求解中央和地方政府的最佳规制策略。研究结果表明,在中央政府约束参与下的地方政府雾霾治理活动中,地方政府能够获得更多的资金支持,更加妥善地分配治理成本,有效规避环境规制失灵。李俊杰等(2019)在研究中发现,中央政府通过执行多种措施对地方政府进行约束,如进行抽查、增大对地方政府的奖惩力度、对地方政府治污成本进行补贴,可以使地方政府的消极治理行为转变为积极治理行为。潘鹤思(2019)从微观主体收益函数出发,构建了中央政府与地方政府环境规制行为的非对称演化博弈模型,发现系统稳定均衡策略的建立,实际上是由中央政府与地方政府的"严格执行"与"严格监管"环境规制所取得的生态治理收益所决定的,其中影响因素主要包括监管成本、罚款金额、执行成本、考核体系中建立的经济和生态指标分配的权重等。

3.环境规制执行过程中多重主体利益关系博弈研究

王斌(2013)构建了三方博弈模型,将中央和地方政府与企业纳入博弈模型中,研究三方的博弈机制。研究发现,中央监管成本会对中央的监管力度产生决定性影响,中央政府对地方政府的处罚力度过轻,很容易引发企业与地方政府之间的合谋,从而造成地方政府放松,甚至放弃污染管制。何为(2016)重点探讨了中央政府考核机制对污染企业和地方政府的演化博弈的影响,结果发现,实施环境执法考核并不能带来博弈策略的稳定趋向;实施环境质量考核能够带来博弈策略的逐步趋向稳定;实施环境治理过程考核能够极大地提升地方政府环境监管履责的稳定性,有助于最终实现演化博弈均衡。Duan(2016)引入系统动力学模型就三方主体之间的博弈关系进行分析,探讨了不同博弈模型中的多个参与主体在环境规制策略选择时做出的不同决策,结果发现理想环境监管模式的建立有赖于政策组合策略的实施。曲卫华(2017)构建了政府、企业与公众三方参与的博弈模型,研究发现,在一定条件下,在三维空间的某个区域,三方可以收敛到一个理想的演化博弈稳定策略,即企业加强监管、中央政府实施能源转型、公众参与环境治理。初钊鹏等(2018)在研究中将中央和地方政府、污染企业共同纳入非合作演化博弈模型中,探讨四种环境规制政策工具如何影响博弈参与方的演化稳定策略。研究发现,在中央政府处罚的震慑下,地方政府选择规制成为博弈的稳定演化策略。因此,中央政府需要强化地方政府环保履责和增强中央环境管理集权,避免地方环境规制失灵。高明和廖梦灵(2020)利用演化博弈方法,建立地方政府、污染企业和公众三方动态博弈模型,通过均衡点分析和数值仿真模拟发现,博弈三方在不同条件下所选择的策略有所不同,综合来看,严格地方治理、提高财务罚款金额、将污染企业的损失现实化、提高公众参与度并降低其参与成本和提升长远收益有助于构建三方共同治理机制。关海玲、王玉和张华玮(2022)在研究中构建了政府公众和企业三方参与的研讨博弈模型,以环境规制作为基本研究视角对其展开分析,结果发现政府监督会影响到企业的技术核心策略的选择,政府对环境规制的态度会影响到工作监督策略的选择以及企业技术革新会影响到政府监督策略的选择。

(三)环境规制强度测量的文献梳理

由于政府环境规制没有固定的模式,也没有明确的规制工具,因此不同文献在环境规制衡量指标的选择上也存在差异。本部分对环境规制的相关文献进行了系统整理和归纳,将环境规制测量指标大致划分为单一指标、复合指标和综合指标三种类型。

1.以单一指标测量环境规制强度

主要从环境规制制定、环境规制实施和环境规制效果三个维度来选择规制指标。在环境规制制定方面,李树和陈刚(2013)以大气污染防治法的修订代表环境规制程度加强;Marco & Gimenez(2013),王书斌和徐盈之(2015)利用地方政府颁布法律政策的数量表示环境规制水平。在环境规制实施方面,张卫东和汪海(2007),余长林和高洪建(2015)选择工业污染治理投资来衡量环境规制强度;Brun-nermeier & Cohen(2003),包群等(2013)选择环境

財政分权体制下地方政府间环境规制竞争及其影响因素研究

执法力度来代表环境规制水平；Jaffe & Palmer(1997)，Hamamoto(2006)利用污染治理控制支出来衡量环境规制水平；聂普炎和黄利(2013)利用污染治理运行费用代表环境规制；Dechezlepretrea et al(2015)利用汽车尾气排放标准衡量环境规制；Lindstad & Eskeland(2016)利用污染减排指标代表环境规制强度；Clo et al(2017)选择排放津贴分配水平代表环境规制。在环境规制效果方面，Levinson(2004)，李胜文等(2010)以排污费总收入表示环境规制；Levinson & Taylor(2008)，Lanoie et al(2008)利用产业增加值代表环境规制；傅京燕和李丽莎(2010)，Xu et al(2016)利用污染物达标排放率代表环境规制；李平和幕秀如(2013)利用碳排放强度表示环境规制；Zhou et al(2017)选择污染物排放强度代表环境规制；余伟等(2017)选择单位能源强度的生产总值代表环境规制。

2.以复合指标测量环境规制强度

有些学者对单一指标测量的准确性和全面性存在疑问，主张通过采取复合指标的方式进行环境规制强度的衡量。余东华和胡亚男(2016)在研究中将工业 SO_2、固体废物等产生量作为环境规制的综合性评价指标，认为两者排放量高能够反映出环境规制水平低。李玲和陶峰(2012)，钱争鸣和刘晓晨(2015)在研究中将工业固体废物、废水排放达标率及综合利用率作为环境规制强度的主要测量指标。Barbieri(2015)以 CO_2 的排放达标率、环保车辆税以及税后燃料价格当做环境规制强度的测量指标。另外一些学者在构建复合指标时还专门考虑了污染排放经济效益因素。如许松涛和肖序(2011)选取工业废水治理运行费用、单位工业增加值的工业废气来测量环境规制强度；蒋伏心等(2013)充分考虑到污染排放企业的单位工业产值情况，将单位工业产值"三废"排放量当做环境规制水平的评价指标；阚大学(2015)利用环境污染治理投资额与排污费收入之和与工业总产值的比重衡量；王洪

46

庆(2016)选取工业污染治理投资与规模以上工业企业工业增加对环境规制程度进行衡量;Liguo & Wei(2016)引入了废气和废水排放总量与其税额的比值来计算环境规制强度。

3.以综合指标测量环境规制强度

有些学者认为单一指标和复合指标均无法全面反映环境规制水平,因此采用综合指标来测量环境规制。Ingo & Judith(1979)通过量化特定的形式将环境规制强度划分为 7 个等级,并以此为标准,对各个国家的环境规制强度进行评级挂靠,结果发现发达国家环境规制强度的整体得分为 6.2,发展中国家的环境规制强度仅为 3.1。Beers & Bergh(1997)进一步细化环境规制强度衡量体系,用其对各个国家的环境规制强度测定,最后测量得出各个国家的环境规制强度。在后续的研究中,有学者关注到环境规制测量指标在选择上存在的差异引发了实证结果的不同 (Jeppesen et al.,2002;Ambec & Barla,2006)。林季红和刘莹(2013)选择 12 项分项指标,经过主成分分析法处理后得到一个总的评价指标,用于工业行业环境规制强度进行综合评价。李胜兰和初善冰(2014)从环境规制制定方面、环境实施方面、环境规制监督方面选择变量来衡量环境规制。张江雪等(2015)对环境规制类型进行划分以后,得到三种基本类型,然后以此为划分维度对环境规制进行分析,并探讨其对工业绿色增长指数的影响。Rezza(2015)将环保支出、污染执行意见、污染治理支出等指标综合起来,对环境规制强度进行衡量。

(四)环境规制效应的文献梳理

学者们主要从不同环境规制的类型效应、环境规制的经济效应及环境规制的收入分配效应进行研究。环境规制工具的效果因其属性差异而呈现显著区别(杜可等,2023;张明等,2021)。张江雪等(2015)学者的研究结果表明,在污染控制领域,公众参与型环境规制所发挥的作用相对较为局限,而行政型和市场型工具则表现出更强的规制效果。贺三维等(2022)研究发现,随着隐性经济规模的不断扩大,政府规制的效力渐趋弱化,而公众参与的治理效能正日益凸显,最终在抑制隐性经济和开展污染治理工作中逐渐成为核心力量。从区域差异视角来看,马海良、董书丽(2020)通过研究指出,在我国区域环境治理情境下,东部地区更适宜采用排污权交易等市场化手段,而中西部地区实施强制性行政措施往往能取得更好的环境治理效果。这种区域异质性特征揭示了各类环境政策工具在污染控制和碳减排进程中具有显著差异化的作用效果。然而,当前学术研究对于环境规制工具组合可能引发的协同效应关注较为匮乏,特别是不同类型工具间的交互作用及其对减污降碳的复合影响尚未得到充分探讨。为全面、系统地评估异质性环境规制工具在减污降碳方面的协同效应,有必要对现有相关研究成果展开全面且深入的梳理。本书基于环境政策工具的三大分类体系(命令控制型、市场激励型与公众参与型),对现有文献中的规制效果研究进行系统性梳理与分析。

1.命令控制型环境规制工具的效应研究

命令控制型环境规制主要依托政府相关部门,以强制手段推行环境保护政策,其效果取决于相关政策的执行力度。目前,这种治理手段被很多国家所广泛采用(Que等,2018;Liu、Li,2019)。Panayoutou(1997)通过对 30 个国家的面板数据展开分析,认为具备科学性与合理性的政策干预举措,能够对生态环境产生积极的改善作用,同时显著降低二氧化硫的排放水平。李小胜、束云霞(2020)基于双重差分法的实证研究表明,重大会议期间政府实施的临时性环境监管措施对空气质量改善具有显著促进作用。但是,国内学者包群(2013)通过倍差法分析指出,单一的环境立法与污染物排放减少并无显著相关性,只有加大执法力度才能带来明显的环境改善。除环境治理成效外,学术领域还深入探讨了以下两个重要维度:一是企业在环境成本约束下的行为响应策略,二是命令控制型规制工具对经济运行的影响机制。李钢等(2012)通过构建包括环境管制成本的一般均衡模型,系统考察了环境规制影响中国经济发展的传导机制。基于该模型分析研究得出,要使当下污染物的排放量勉强达到法律所规定的标准,经济增长率将不得不降低约1%。学者赵霄伟与张帆(2018)聚焦经济欠发达地区,运用广义矩阵估计法对命令控制型环境规制下某地区经济发展的实际成效展开评估。研究结果显示,环境规制强度每提升1%,经济增速将下降0.02%~0.03%。叶祥松和彭良燕(2011)进一步强调,环境政策的推行需充分考量不同地区的实际状况。对于过度依赖重工业或环境承载力较低的城市,若强制推行环保政策,可能会对其经济增长产生抑制作用。国外学者Granderson和Prior(2013)等构建了环境治理与经济效率的整合分析框架,其针对美国能源行业的实证研究表明,《中华人民共和国空气清洁法》的实施显著提升了全要素生产率水平。国内学者李树和陈刚(2013)运用双重差分法进行实证分析,结果表明《大气污染防治法》的修改完善对高污染工业产业的全要素生产效率产生了明显的正向影响。此外,李小平等学者(2020)基于空间杜宾模型的实证分析表明,命令型环境规制在提升本地区碳生产率的同时,会通过空间溢出效应降低邻近地区的环境绩效,表现出典型的"污染就近转移"现象。

2.市场激励型环境规制工具的效应研究

在全球气候和环境问题日益严峻的背景下,单一依赖命令控制型规制工具已难以满足治理需求。因此,各国政府也开始逐步引入市场激励型规制工具,以增强环境治理效果。关于市场激励型环境规制政策的实施效果,学界已进行了多角度的研究探讨(Li等,2019;Yan,2020)。研究发现,在各类市场化环境规制手段中,基于产权交易的市场工具(如排污权交易机制、碳交易体系)比基于价格调节的工具(包括环保补贴、污染税、排污收费等)更能引起决策部门的重视(李响等,2022)。针对二氧化硫排污权交易试点的政策实施效果,学界通常采用双重差分法进行政策评估(王文军等,2018),但自我国实行排污权交易制度以来,研究结论存在分歧。部分研究者指出其未能实现预期的污染治理与碳排放控制目标(李永友、沈坤荣,2008),而另一派学者则强调该政策能够通过促进企业技术升级和运营效率提升,从而有效减少污染排放(梅林海、朱韵琴,2019)。从整体来看,学术界逐渐形成共识:碳交易政策能够产生减排效果。聚焦于经济发展层面,傅京燕和程芳芳(2020)的研究表明,碳排放权交易制度在实现污染物减排目标的同时,还能够推动经济效率的提升。基于上海市的实证研究,周晟吕(2015)通过构建能源–环境经济模型,验证了碳交易政策可实现经济与环境协调发展。类似地,梁劲锐与席小瑾(2017)采用双重差分法对省级数据进行分析,发现碳交易机制能同时产生经济效益与环境效益。也有学者通过实证研究发现,尽管碳交易机制有助于减少资源消耗并改善环境质量,但其对经济增长的促进作用尚不显著(时佳瑞等,2015)。

3.公众参与型环境规制工具的效应研究

近年来,国内外学界针对环境治理效率与公众参与型环境规制工具的关联性也开始展开了深入探讨。黄清煌等学者(2016)的研究揭示了公众参与水平与节能减排效率之间并非简单的线性关系,而是呈现倒 U 型关系,表明了适度的公众参与有利于环境治理效能提升。张国兴等(2019)以 2006—2014 年中国省级面板数据为基础,开展实证研究,结果表明公众参与机制能够显著提升工业污染治理效能。基于印度四个地区 1996—2000 年水污染月度数据,国外学者 Kathuria(2007)研究发现,媒体对环境问题的报道量与污染物排放量呈负相关。即当报纸中有关环境污染的报道数量呈现上升态势

时,企业所排放的污染物量会随之出现相应减少的情况。国外学者 Langpap
和 Shimshack(2010)从公众意识维度切入研究,指出公众环境维权意识水平
与水污染治理效果存在显著的正向关联。Arimura 等(2008)的实证分析显
示,ISO14001 认证以及环境报告制度,能有效降低企业能源消耗和污染排
放。国内研究则着重探讨了公众参与的环境治理效应,屈文波和李淑玲
(2020)通过动态空间面板模型证实了公众参与对污染排放具有抑制作用。
郭进和徐盈之(2020)进一步将公众参与类型细分为投诉上访型(后端治理)
和建言献策类(前端治理)两类,基于 2011—2015 年省级面板数据的分析表
明,仅公众投诉上访这种后端治理方式在环境治理中仍占据主要地位,前端
治理的效应未得到明显体现。

4.现有文献对环境规制经济效应的研究主要从三个维度展开

经济增长效应(范庆泉、周县华、刘净然,2015)、技术创新效应(齐绍洲、
林屾、崔静波,2018)及全要素生产率效应(张彩云,2020)。在中国,用能权交
易制度被证实具有双重效应,在控制污染排放的同时还能带动经济发展,这
一结论得到宋德勇等学者的实证支持(宋德勇、陈梅、朱文博,2022)。研究表
明,中国环境规制与经济发展呈现非线性关系,存在显著区域差异。因此,需
要实施差异化的规制策略(Pang R、Zheng D、Shi M,et al,2019)。余泳泽和尹
立平(2022)提出的"成本-补偿"理论框架揭示,环境规制可通过双重路径实
现经济与环境双赢。东部地区环境规制的经济收益显著高于中西部,后者可
能因环保约束面临发展受限的困境(Yu X、Wang P,2021)。此外,国际比较研
究则呈现差异化结论:欧洲制造业数据显示能源税对企业生产率无显著影
响,而污染税则产生抑制作用(Steinbrunner P R,2022);美国案例则证实环
境规制可能对经济活动产生一定制约(熊广勤、石大千、李美娜,2020)。值得
关注的是,与传统新古典经济学将环境规制视为生产成本的观点不同,波特

财政分权体制下地方政府间环境规制竞争及其影响因素研究

假说提出适度环境规制可能通过创新激励效应提升企业竞争力，后续众多研究者围绕波特假说是否具备现实有效性展开了广泛且深入的实证研究（周力、沈坤荣，2020）。学界关于环境规制与企业创新及生产率之间关系的研究呈现多样化结论。有研究指出，排污费政策对上市公司绿色创新具有显著的倒逼效应，然而环保补助可能因企业的策略性行为而抑制创新投入（李青原、肖泽华，2020）。徐佳和崔静波（2020）证实，低碳试点政策有效促进了上市公司的绿色技术创新。而刘金科和肖翊阳（2022）的研究显示，环境税通过提高能源的使用效率和刺激末端治理技术研发，推动了企业环境技术创新。部分学者基于减排目标约束机制展开研究，证实严格的总量减排目标能够激励企业进行技术创新，而差异化的减排责任分配模式，使得波特假说适用性得到了进一步证实（余泳泽、林彬彬，2022）。吴力波等（2021）的实证研究发现，重点监控政策有效促进了企业绿色技术创新，表现为绿色专利申请量的显著增长。然而，也有研究得出相悖结论。基于 OECD 国家的实证显示，环境规制对污染密集型制造业创新存在显著抑制效应（Milani S，2017）。

关于环境规制对全要素生产率（TFP）的影响，现有研究呈现多维度。基于区域层面的分析显示，长江经济带制造业的绿色 TFP 在环境规制下得到显著提升（尹礼汇、孟晓倩、吴传清，2022），而清洁生产标准则通过非对称性规制竞争机制促进工业企业发展（于亚卓、张惠琳、张平淡，2021）。政策评估研究发现，低碳城市试点对企业 TFP 产生正向激励（赵振智、程振、吕德胜，2021）。空间经济学视角下，环境规制与 TFP 存在"竞争性"与"协同性"并存的区域互动特征（金刚、沈坤荣，2018），且二者呈现先促进后抑制的倒 U 型关系，适度规制强度最有利于 TFP 增长（刘和旺、郑世林、左文婷，2016）。碳交易制度通过三重渠道提升企业生产率：强化政府监管效能、优化资源配置和刺激研发创新（Bai C Q、Liu H J、Zhang R J，et al，2023）。相反，环境垂直管理改革对制造业 TFP 产生抑制作用，但国有企业受影响程度较轻（Han C、Sun X L、Tian X L，2021）。同时，碳交易试点政策显著改善了能源使用效率（Liu C J、Ma C B、Xie R，2020）。国际比较显示，欧盟碳市场在促进先进企业发展的同时，客观上阻碍了落后企业追赶；而 OECD 国家经验证实适度环境规制有助于促进区域生产率的增长。同时，环境政策在公共健康改善与社会就业稳定方面也产生显著影响。环境规制的健康效益在不同国家得到验证。Tanaka（2015）基于中国双控区政策的准自然实验证实，强化环境监管使婴儿死亡率显著改善。类似地，Yang 和 Chou（2018）对美国发电厂关闭事件的研究显示，该环保措施使周边区域新生儿低体重率和早产率分别降低 15% 和 28%。而巴西矿区的案例则从反面证明，环境监管缺失会恶化新生儿健康指标（Carrillo B、Da Mata D、Emanuel L，et al，2020）。美国的研究进一步揭示，石油泄漏污染会使不良妊娠结局风险增加 7%~8%，但预防性环境政策能产生显著的健康收益（Marcus M，2021）。中国烟花爆竹禁令的准自然实验也证明，严格的环保政策通过改善空气质量，有效降低了呼吸系统和心血管疾病发生率（Chen S、Jiang L、Liu W，et al，2022）。类似地，畜牧业环境监管的加强显著改善了县域水体质量（Pan D、Chen H、Zhang N，et al，2023）。环境规制对就业市场的影响呈现差异化特征。实证数据显示，严格的水污染排放标准导致纺织业劳动力需求下降约 7%（Liu M D、Shadbegian R、Zhang B，2017）。而大气污染治理政策则使制造业就业减少 3%，主要归因于技术升级带来的劳动生产率提升。相反，王锋和葛星（2022）的研究证实低碳试点政策通过优化生产结构，创造了 5.11% 的就业增长。也有学者通过实证研究进一步揭示，在气候治理背景下存在"就业-减排"替代关系，碳排放量每降低 1% 将伴随 0.1% 的就业岗位流失。国际经验同样显示出复杂影响：美国《清洁空气法》导致受规制企业产生 5 亿美元收入损失，而二氧化硫交易政策对电力就业无显著影响,但雾霾管控仍使整体就业下降3%。

5.环境规制对收入分配的影响逐渐成为研究热点

实证研究表明,中国大气污染治理政策在减少污染行业就业的同时,促进了劳动密集型产业用工需求。Chen Y(2023)指出,环境监管通过淘汰高污染企业重塑就业结构。微观层面数据显示,江苏企业因环境监管导致用工减少7%。技术进步带来的劳动生产率提升,使得中国大气污染重点城市的制造业就业下降3%。国际经验同样证实环境规制的就业冲击效应,如美国《清洁水法》的实施对劳动力市场产生了显著的负面影响 Ferris A E,Shadbegian R J,Wolverton A(2014)。有学者通过构建一般均衡两部门搜索模型分析环境政策的就业效应,发现征收污染税会导致受管制行业就业大幅缩减,但这一效应可被未受管制行业的就业增长部分抵消(Raff Z,Earnhart D,2019)。

(五)环境属地管理与垂直管理的相关研究

环境治理体系中的垂直管理与属地管理之争一直都是环境经济学和政治学领域饱受争议的热点话题,其本质上是环境规制权力在中央与地方之间的配置问题。在多层级政府架构的国家治理体系中,合理分配各级政府间的环境监管责任是一项重要议题,这一过程直接关乎地方政府在区域环境治理中享有的自主裁量空间与决策权(张华等,2017;张琦和邹梦琪,2022)。传统财政分权理论基于"用脚投票"假设,认为地方政府在公共物品供给上具有信息优势,能够通过差异化环境政策吸引流动性要素。然而,该理论存在三个方面局限性:首先,环境质量可能并非居民迁移决策的首要考量;其次,地区间执法能力的差异会制约环境分权的治理效果;最后,分权体制下地方政府可能忽视环境保护。与之相对,环境集权模式虽能遏制地方保护主义,但面临信息不对称带来的高额监管成本,且难以适应区域异质性需求,同样可能降低治理效率。

我国"条块结合、以块为主"的属地化管理制度设计虽然赋予了地方政府一定治理自主权,但同时也易引发地方行政干预导致环境执法软化、环境规制标准差异化竞争,以及跨区域合作治理机制缺失,使得整体环境治理效能未得到充分释放。在该模式下,中央政府作为政策制定者与地方政府作为执行主体之间形成委托-代理关系。作为委托方,中央政府需要建立持续性的制度安排来规范和评估地方行政主体的环境治理绩效。但现行政绩考核机制仍以经济发展指标为主导,环境治理的长期激励制度尚未健全。在此情形下,地方政府在发展过程中常常倾向于牺牲环境利益来换取经济增长(张克中等,2011)。具体表现为三个方面的制度缺陷:其一,环境执法独立性受到行政干预冲击。在地方经济发展过程中,地方政府受经济利益的驱动,具备强烈的动机与权力去干预环保部门正常的执法活动。我国环境治理体系中的属地化管理模式形成了独特的双重约束机制。在现行体制下,地方环保部门同时接受上级环保机关的业务指导和同级政府的人财物管理,这种"条块结合"的治理架构导致环境监管面临自主性不足的困境,具体表现为:在政策执行层面需遵循垂直系统的专业要求;而在资源配置方面,则受制于地方政府。这种结构性矛盾在很大程度上削弱了环境规制的有效性(韩超等,2016)。重污染企业通常构成地方财政税收的关键支柱,并在区域经济增长中发挥着举足轻重的作用。地方政府基于税收贡献和GDP增长考量,可能通过主动介入或被动默许的方式干预环境执法,导致环保执法效力受到显著制约(Wangea1.,2003;席鹏辉,2017)。

其二,环境规制标准竞争存在"逐底化"倾向。在现行政绩考核体系下,地方政府面临着经济绩效竞争与政治晋升竞争的双重压力,这使得其往往存在放松环境监管的内在动机,甚至通过环保标准"逐底化"竞争来吸引高产值企业投资。与此同时,污染密集型企业为追求经济利润,倾向于选择环境规制宽松、资源成本低廉的区域布局。受经济绩效竞争和政治晋升竞争的政绩考核导向影响,地方政府为吸引投资和提升经济指标,在招商引资过程中往往通过降低环境准入门槛来增强本地竞争力,这种策略容易引发"逐底竞争"现象,并形成污染密集型产业的区位集聚效应。

其三,跨区域环境治理存在协作失灵。环境问题的跨域性与属地管理的辖区分割形成制度性矛盾,在环境属地管理体制下,地方政府在治理实践中普遍存在"地方保护主义"倾向,对跨界污染问题往往难以实施有效治理。由于环境治理具有空间外溢性和时间滞后性,以及地方政府间针对跨区域环境治理问题的监管权责边界不够明晰(胡志高等,2019),这极易引发责任相互推诿、协调效率低下等问题(唐为,2019)。在此情形下,地方政府之间由竞争难以形成治理合力,进而导致跨域环境问题难以得到有效治理(周黎安,2007)。鉴于此,突破上述困境的核心在于重构地方政府的环境治理激励机制。具体而言,一方面需借助制度创新来强化地方政府的环境监管责任,另一方面要构建科学合理的考核体系与跨区域协作机制,促使其从"经济增长优先"向"绿色发展导向"转型。

为破解传统属地管理模式下的治理困境,我国自2016年起启动了一系列环境管理体制改革,核心是推行省以下环保机构监测监察执法垂直管理制度,以求兼顾两者的优势。这项被简称为"垂改"的重大制度创新,标志着中国环境治理体系从分散走向集中、从地方主导走向中央统筹的重大转变。实施省级以下环保机构的垂直管理,以及构建包括生态环境部设立环保区域督察局或组建中央督察工作组(刘亦文等,2021)在内的中央环保督察机制是中国环境监管体制改革的两种主要的路径创新。2016年区域督察机构改革后,环境监管效能显著提升。研究表明,垂直管理通过强化中央监管权,在信息获取、执法刚性、避免行政干预等方面取得成效,有利于区域环境质量的改善和污染排放的控制(赵阳等,2021)。然而,也有部分学者对于垂直管理机制的实施效能提出了疑问。现有研究多聚焦政策成效而忽视制度缺陷,特别是区域督察体系改革后仍存在制度性不足。具体表现为:其一,中央环保督察制度虽提高了监管权威,但区域督察机构的执法权限和处罚权力尚未实现完全独立(郭施宏,2019);其二,地方政府与企业易形成合谋,导致治理效果呈现短期化、运动式特点,难以实现长效治理目标(孙晓华等,2022)。

三、文献研究述评

通过对国内外文献的梳理和分析发现,当前学术界对财政分权、地方政府竞争、环境规制竞争、环境污染治理等问题展开了大量的研究,并形成了基本的理论框架,为本书研究地方政府环境规制竞争提供了理论基础。与此同时,现有的研究中仍然存在一些有待完善的研究缺口,具体如下:

第一,中国地区间环境规制竞争的存在已经成为学者的共识,但环境规制竞争类型属于"竞相向下竞赛"与"竞相向上竞赛"之间还未形成统一意见。学者对环境规制竞争的研究很少将其放不同条件矩阵下展开以探寻其竞争差异,尤其是党的十八大召开以后,不管是中央还是地方在生态文明上都加强了建设力度,环境规制竞争类型是否发生了显著改变。因此,厘清这一问题,可以更好地理解地方政府污染治理的效果与路径。

第二,学者在地方政府环境规制竞争方面的研究主要局限在类型划分上,缺少对环境规制影响因素的探讨,以及其对环境规制竞争影响机制的深入挖掘。虽然有学者关注到环境规制竞争带来的各种产业效应、经济增长效应和生态效应,但研究较为分散,缺乏系统性的理论研究框架。为此,本书构建了一套理论研究框架,从财政分权理论出发,在横向、纵向提取环境规制竞争的相关影响因素,继而探讨对环境规制竞争造成的实际影响及其内在作用机制,能够进一步丰富现有研究成果。

第三,当前学术界在探讨地方政府环境规制竞争问题时,主要采用的是博弈论研究法,从环境公共物品外溢性的视角上对其进行分析,缺少从财政分权视角展开研究,而且对社会公众参与的积极作用认识程度不高,很少将"中央政府—地方政府—公众"放入博弈分析框架之中展开研究。本书以现实环境变化为基础,将中央政府环保考核、公众环保诉求等内容纳入其中,完善演化博弈模型,探讨地方政府环境规制竞争的影响因素及其演化稳定策略。

第四,在环境规制测量方面,现有的文献尚未提供一套统一的环境测量指标体系,单一指标、综合指标等衡量方式在研究中均有涉猎。实际上,以单一指标来衡量环境规制强度存在明显的不足,而在使用综合指标测量时又需要对各项指标赋权。现有的研究中以主观赋权为主,带有十分明显的主观色彩,无法保证研究结果的客观准确性。本书在研究中以环境规制类型为基础建立综合性评价指标体系,再用熵值法进行指标客观赋权,以提高环境规制综合指数测定结果的客观性和科学性。

第五,通过文献梳理可以看出,关于环境库兹涅茨曲线假说和污染避难所假说在中国是否存在还存在争议,还需要学术界继续探索,尤其是关于外商投资对中国环境规制和环境污染的影响效应还有待进一步验证。

四、理论基础与本研究分析框架

(一)市场失灵理论：环境规制的逻辑起点

根据新古典经济学理论，市场资源的最优分配需要满足完全竞争的市场条件。在这一理论假设下，追求自身利益最大化的市场主体通过市场机制自发调节，最终实现资源的帕累托最优配置（汤吉军，2021）。但实现帕累托效率需要满足一系列严格条件，包括信息完全对称、物品非公共性及不存在外部效应等前提假设（严金强、夏碧英，2021）。但这些假设在现实中往往难以满足，导致资源配置无法达到效率最大化，即出现"市场失灵"（朱富强，2021）。环境资源具有非排他性和非竞争性。同时，碳排放、空气污染等环境问题会产生明显的负面溢出效应，这些特性都弱化了市场机制的有效性。在缺乏有效监管的情况下，若将环境资源完全交由市场机制调节，追求私利的市场主体可能通过转嫁污染成本实现利益最大化，最终导致环境资源配置的低效或无效，形成"市场失灵"。具体表现为：

第一，环境主体的有限理性。作为环境资源使用者的各类经济主体，其行为逻辑有别于新古典经济学假设的"绝对理性人"。现实中的经济主体受经验积累、信息获取能力和认知水平的制约，呈现出有限理性特征，具体体现为两个维度：其一，环境认知的历史演进轨迹。在工业化初期，环境资源的广域存在与可再生性假象，使社会普遍形成"环境资源无限供给"的认知定式，经济活动往往以资源粗放消耗为代价，导致生态承载力透支与环境污染累积。伴随环境科学认知的深化与生态危机的显性化，社会才逐步意识到环境容量的有限性与生态系统的动态平衡性，开始重构经济发展与环境保护的关系认知。其二,"贫困污染"的恶性循环陷阱。在经济发展滞后阶段,地方政府与微观主体面临"生存优先"的现实约束,即便意识到环境污染问题,也不得不依赖资源消耗型发展路径维持经济增长, 形成 "经济贫困—环境退化—发展受限"的闭环。这种基于有限理性的决策偏好,使得环境治理在低发展水平阶段容易让位于短期经济利益,加剧生态环境的结构性矛盾。

第二,环境资源的外部性问题。外部性理论的思想渊源可以追溯到马歇尔所提出的"外部经济"这一概念,此后,庇古在其著作《福利经济学》中对这一理论进行了进一步的完善。外部性理论最早可追溯至马歇尔提出的"外部经济"概念,后经庇古在《福利经济学》中发展完善。该理论认为,当经济主体的行为对他人产生未计入市场交易的额外影响时, 就会导致资源配置效率的损失。由此,外部性问题便应运而生。外部性作为一种广泛存在的外溢效应,呈现出两种表现形式:一是产生额外收益却未获补偿的正外部性,二是造成社会损失却无需担责的负外部性。在环境领域,污染排放等行为具有典型的负外部性特征,其产生的社会成本往往未被纳入市场定价体系。本书将重点关注环境负外部性问题,探讨其对市场资源配置效率的负面影响机制。依据外部效应内部化理论,政府需通过规制手段介入,使环境污染者承担其行为产生的社会成本,以此倒逼企业减少污染物及温室气体排放。这一治理逻辑的核心, 在于通过制度设计将环境外部成本转化为经济主体的内部成本,重构市场主体的行为激励结构,从而矫正市场失灵状态。

第三,环境资源的公共物品属性。公共物品理论的源头可追溯至休谟于1793 年所展开的相关论述,随后,亚当?斯密从经济学理论视角深化了公共物品的概念界定,系统阐释了其两大本质特征:消费的非排他性与受益的非竞争性。环境资源因产权界定模糊或难以清晰分割,大多呈现显著的公共物品特征,即不为私人独占的开放性资源属性。环境资源的非排他性使其成为社会主体均可自由使用的对象,任何人无法阻止他人对资源的利用。在"经济人"理性驱动下,各主体为追求个体利益最大化,倾向于无节制开发利用资源(倪受彬,2022)。与此同时,非竞争性特征导致个体在利用资源时往往忽视对他人权益的影响,试图通过"搭便车"获取收益,却不愿承担资源损耗成本。这种集体行动的困境,最终引发环境资源过度开发、生态承载力超限的"公地悲剧"。由于环境资源的公共物品属性天然易导致市场配置失灵,必须依赖政府等公共部门通过制度供给介入治理。通过建立产权制度、制定使用规则、实施总量管控等手段,将公共资源的开发利用纳入有序轨道,才能有效破解环境枯竭与生态危机的制度性困局(袁小英,2015)。

综上所述,市场机制在环境资源配置中的失灵现象主要源于三个核心因素:经济主体的有限理性特征、环境资源的强外部性属性及公共产品的非排他性本质。这些因素的交互作用最终导致了资源配置的低效状态。鉴于此种状况,有必要借助一系列环境规制措施,以破解环境领域中因"市场失灵"而产生的困境。由此不难看出,"市场失灵"理论构成了运用各类规制工具解决环境问题的逻辑起点与理论基石。

针对政治晋升考核对环境治理所产生的影响,学界呈现出两种截然对立的观点。其一,部分学者主张政治晋升激励机制存在扭曲官员行为导向的可能性。在以经济增长作为核心考核指标的巨大压力之下,地方政府官员常常倾向于将资源优先投入到能够在短期内显现成效的经济领域,而对环境保护、公共服务等长期议题重视不足。傅勇(2008)的研究表明,晋升竞争促使地方官员倾向于扩大生产性公共物品投资(如基础设施),却压缩民生性公共物品支出(如环保投入),并建议通过调整政绩考核体系协调经济发展与环境保护的双重目标。蒋德权等人(2015)基于省级数据开展研究,结果表明,即便中央致力于推动从"唯GDP论"向多元发展转变,地方官员所面临的政治晋升压力仍可能催生地方经济的粗放型增长模式。在此压力下,地方政府官员往往倾向于选择形式化治理策略,包括但不限于重复性基础设施投资和环保数据操纵等行为,而非实质性推进环境治理工作。国内学者武晗、王国力(2021)的实证研究发现,当前政绩考核体系促使地方决策者过度关注政治风险规避与短期利益获取,导致环境治理政策执行的消极化倾向。另一种观点则强调,将环境治理纳入政绩考核的"绿色指挥棒"可有效激励官员重视生态保护。陈家喜(2018)指出,政府行为会随考核指标权重调整而动态优化,当环境治理成为晋升评价的核心维度时,地方政府将主动调整施政重心。任丙强(2018)从政治激励与晋升竞争双维度分析发现,考核机制的生态化改革可有效激励地方政府加强环境治理的执行力度。此外,学者吴建祖(2019)对环保约谈制度的有效性展开了实证检验,研究结果证实,上级政府施加的环境问责压力能够直接促使地方环境治理效率得以提升。综合而言,已有研究剖析了政治晋升考核与环境治理间的复杂关联:传统以经济增长为中心的考核模式易导致环境治理失灵,而纳入生态指标的考核改革则可能通过激励相容机制推动绿色发展。两种视角共同指向考核制度设计对地方政府环境行为的塑造作用,以及现有体制中激励结构优化的必要性。

(二)财政分权理论及中国式财政分权

1.财政分权理论的发展的研究,绕不开第一代财政分权理论的地方政府"守护人"的角色分析

财政分权是中央政府将特定的财政自主权赋予地方政府的一种分权方式(Martinez-Vazquez,McNab,2003;Feltenstein,Iwata,2005)。对财政分权理论的研究,主要是从法律层面上来探讨政府履责范围归属,即中央政府执行履责还是地方政府执行履责。1956年,Tiebou发表了名为 *the pure theory of local expenditures* 的文章,拉开了财政分权理论研究的序幕,成为第一代财政分权理论的创始人。后来又经过 Stigler(1971),Musgrave(1959),Oates(2005)等多名学者的努力,最终形成一套相对完善的理论体系。这套理论体系的逻辑起点在于学者对公共部门属性的理解上, 并以此为基础建立起地方政府追求辖区公共利益最大化的地方政府"守护人"的功能假设。与中央政府相比而言,地方政府能够深切感知辖区居民的服务偏好,充分发挥居民"用脚投票"机制,激励地方政府更好地吸引人才和资本投入到辖区的经济建设活动中,并将产出作为公共收入及支出结构的调整依据,进一步满足流动性要素的发展需要, 实现公共物品供给效率的提升和公共福利水平的提高。由此可以看出,在第一代财政分权理论体系中,中央政府应当为地方政府赋予一定的财政自主权,使其能够在限定的权责义务范围内发挥自主性。中央政府的工作重心应当放在宏观政策制定和社会稳定维护方面, 而地方政府应当更好地发挥联系公众的作用,充分把握辖区居民公共服务偏好,采取更加有效和差异化的收支政策以提升社会福利水平。

综合来看,第一代财政分权理论构建了财政分权的可行性和必要性,但却缺少地方政府公共物品供给作用机制的探讨, 并且其中的某些论点还存在一定的争议:一是第一代财政分权理论的约束和假设条件较为严格,要求公众、中央和地方政府三方之间均不存在信息不对称问题且各种要素完全自由流动,而这种假设条件很难在现实中存在。二是忽略了政府官员在差异化激励机制下对公共物品供给所持有的不同态度(Qian Y,Weingast B R,1997)。于是,学者们在对第一代财政分权理论继承批判的基础上形成了第二代财政分权理论。

2.第二代财政分权理论,强调地方政府"经济人"角色。

以 Montionla(1995),McKinnon & Nechyba(1997),Tommast & Weinschelbaum(1999)等学者为代表,逐渐发展形成了第二代财政分权理论。相比于第一代财政分权理论而言,第二代财政分权理论不再继续围绕地方政府的公共部门属性展开深入分析,而是转向以委托代理和公共选择理论为基础,将研究重点放在地方政府的行为特征上,并将其聚焦在地方政府官员群体上。在他们看来,以地方政府官员为核心构成的地方政府在缺乏有效监督的情形下,会自主地产生一些寻租行为以实现自身利益最大化,而非始终将辖区福利最大化作为行为目标。地方政府是由地方官员构成的,存在多种利益诉求,既需要关注公众利益的满足,又需要考虑到自身组织利益和官员前途和声誉等。地方政府官员理性的"经济人"的属性驱使他们在行为决策时优先考虑自身利益的实现,很可能会造成出台的公共政策无法达成公众利益最大化目标。第二代财政分权理论的研究重点在于设计一套科学合理的激励机制,将社会公众、政府组织和政府官员之间的利益充分地结合起来,以满足整体利益的最大化和整体福利的帕累托最优。

3.中国式财政分权以第一代、第二代财政分权理论为基础,结合中国实际情况,以分税制改革为目标,具有经济分权与政治集权的双重属性

中西方财政分权制度虽然有相似之处,但中国式财政分权也有其独特之处。其中,经济分权赋予地方政府充分的财政自主权,允许其以独立经济体的形式存在,有利于激发地方政府的积极性,更好地分配经济增长的成果。政治集权赋予中央政府官员任命、解雇和晋升的权力,通过制定考核标准对下级或地方政府实施考核,并确定其晋升或留任状况,因此地方政府会受到双重激励,表现出与西方不同的行为特征。

4.中国财政分权体制改革主要经历了财政包干制、分税制和国地税合并的三个阶段

第一阶段(1980—1993年):财政包干制。改革开放之前,中国建立起"统

收统支"的财政体制,地方政府的一切税收上缴中央再由中央政府负责统一安排。这种财政体制与中国当时的计划经济体制相适应,能够充分满足"集中力量办大事"的需要,但也带来了一定的负面影响,使得地方政府丧失了发展经济的动力,无法有效积累社会财富和推动生产力发展。改革开放以后,中央确立了"以经济建设为中心"的发展目标,于是在 1985 年,中国政府为了进一步激发地方政府经济建设的积极性和主动性,在"划分税种、核定收支、分级包干"等基本原则的指导下,实施中央政府和地方政府分权,地方政府被赋予了一定的财政收入权,提升了地方政府财政行为的自由度,正式拉开财政分权的改革序幕。财政包干制的实施释放了地方政府发展经济的热情,推动了经济增长,但也存在一些负面影响。因为中央政府虽然对财权进行了划分,但事权的明晰未能及时跟进,造成中央政府成为财政支出的主要承担者,而地方政府却进一步收缩了支出责任和范围,出现了"中央弱地方强"的发展趋势。根据图 2-1 和 2-2 可以看出,实行财政承包制后,中央财政税收收入占全国税收收入的比重持续下降, 从 1984 年的 41.5%下降到 1993 年的 22.12%。中央政府的放权让利,使得"两个比重"①快速下滑,甚至出现中央财政窘迫局面,对中央政府的宏观调控能力带来了严峻挑战。

---

① "两个比重"是指"财政收入占 GDP 的比重"和"中央财政收入占全国财政收入的比重"。

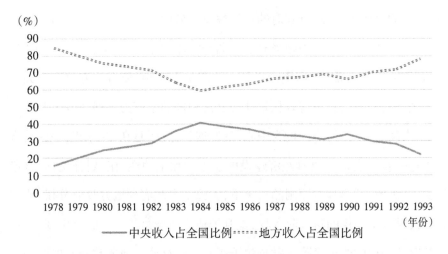

图2-1　1978—1993 年中央和地方财政收入占全国财政收入比重情况

资料来源:根据《中国统计年鉴》(相应年份)数据整理而成。

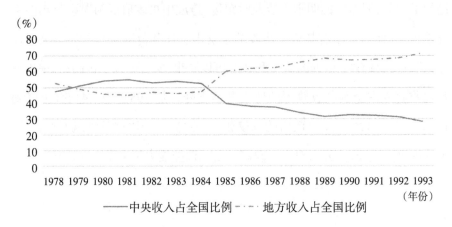

图2-2　1978—1993 年中央和地方财政支出占全国财政支出比重情况

资料来源:根据《中国统计年鉴》(相应年份)数据整理而成。

　　第二阶段(1994—2017 年):分税制。"两个比重"下滑让中央政府意识到宏观能力受损的问题,于是在 1994 年,为了进一步协调中央和地方的财政收入分配关系,我国正式实施了分税制改革,在中央和地方分别设立了税务机构,执行预算分级管理。在此次财政分权改革中,明确了改革的任务是提高中央宏观调控能力和构建更加合理的分配体制，于是通过税制设计的方式对税收征收范围和主体进行调整和规定。分税制充分考虑到税种的性质和征管的便利性，将现行的税收划分为三种类型：一是中央税，用以保证国家权益和宏观调控效果，如中央企业所得税等；二是地方税，由地方负责征管，如城市维护建设税等；三是中央地方共享税，如增值税等与经济发展密切相关的税种。除此以外，厘清了财政支出责任共计27个大类，其中由中央财政承担的有14类，地方财政承担的有13类。考虑到分税改革实施以后地方财政将有所减弱的问题，进一步完善了转移支付制度。随着分税制改革的推进，"中央弱、地方强"的趋势得到扭转，中央财政收入在全国财政收入的比重大幅度提升，例如在2017年该比重又再次恢复到47%①，为中央政府统筹全局奠定了基础，详见图2-3和图2-4。

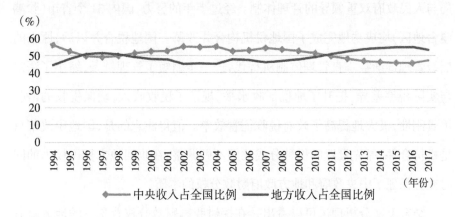

图2-3　1994—2017年中央和地方财政收入占全国财政收入比重情况
资料来源：根据《中国统计年鉴》（相应年份）数据整理而成。

---

① 国家统计局：2018年《中国统计年鉴》，http://www.stats.gov.cn/tjsj/。中央财政收入占全国财政收入的比重= 中央财政收入/全国财政收入。

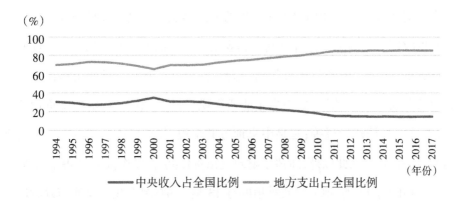

图 2-4　1994-2017 年中央和地方财政支出占全国财政支出比重情况

资料来源：根据《中国统计年鉴》（相应年份）数据整理而成。

第三阶段（2018 年至今）：国地税合并。到了 2018 年，国务院又出台了政府机构改革方案，将省级及以下国税地税机构合二为一，形成了国家税务总局与人民政府双重领导的管理体制。经过半年的努力，国内 31 个省市（除港澳台地区）均成功地完成了国地税机构合并改革。国地税合并以后，原来的层级管理逐渐被垂直管理体制所替代，进一步缩短了管理链条，缩小了法定与实际税率差异，提升了地税征收水平，规范了税收收入，确保税收的增收更具刚性，极大地提高了政府税收征管效率。值得注意的是，国地税改革只是机构合并，原先设置的税种分成比例不做调整，在收回地方征税权力的同时充分保证了中央政府和地方政府财政分权的本质。

结合上文分析理论可以看出，在探讨我国财政分权背景下的地方政府行为时，以周黎安、张军等学者为代表的观点——"为增长而竞争"被认为是我国独特的财政分权双重属性共同作用的结果。本书在研究中同样将环境规制竞争当作"为增长而竞争"的基本手段，并对环境规制竞争的影响因素进行划分整合，从而更好地把握具体的作用机制。通过对现有的文献进行系统性梳理后发现，学者们考察的中央环保考核和问责与环境规制竞争之间的作用关系时，常常将研究内容局限在 2003 或 2007 的时间点划分和分阶段实证回归分析上，根据回归得到的环境规制竞争系数来反推中央环保考核和问责的作用程度，而非将其当作单独变量纳入研究中对其进行系统性分析。此外，当前学者很少将公众诉求纳入财政分权的研究框架对地方政府环境规制竞争进行分析，其主要原因在于现行的财政分权体制下逐渐形成了地方政府"对上不对下"的履责机制，公众意见对地方政府的行为决策产生的影响微乎其微。然而，国家环境治理并非僵化不变，尤其是近几年来国家政治民主改革的深入，以人民为中心的思想在多个领域的贯彻落实，法律法规的不断完善，互联网技术的持续进步，都为公众发表意见、表达看法提供了丰富的途径，中央政府在决策时对公众诉求给予越来越高的重视。因此，本书在分析中除了将政府间引资竞争、环境规制竞争纳入分析框架中以外，还引入了中央环保考核和公众环保诉求指标，共同探讨三方面的因素对环境规制竞争的单独影响关系和对环境规制竞争的共同作用关系。

（三）横向政府间引资竞争对环境规制竞争的影响假设

改革开放后，中国的 GDP 增速远超世界大多数国家，首次于 2010 年在经济总量上赶超日本，成为世界第二大经济体。国内外学者甚至将其称作世界经济增长奇迹。经过深入分析后，有学者将这一奇迹的出现归因于财政分权制度的建立，认为该制度的实施释放了地方政府的活力和经济发展的积极性（张军，2007；周黎安，2007）。

中国财政分权的双重属性，在经济方面为地方政府赋予一定独立自主的财政自主权，地方政府可以在中央政府的指导下，独立自主地确定财政支出规模和支出结构，有助于进一步激发地方政府的积极性和经济发展动力。在政治方面，中央政府牢牢把握地方官员任免与晋升权，在制定的考核框架

体系中引导地方政府竞争（Montinola,Qian & Weingast,1995;Qian & Wein-
gast,1997）。此外,财政分权改革中的分税制改革形成了中央和地方之间的
财权上移和支出责任下放的新型格局,使得地方政府的财权与事权不匹配,
虽然地方政府财政收入比重大幅度提升,经济发展的积极性进一步释放,但
权责的不匹配使地方政府在财政上出现"入不敷出"的局面。地方税是地方
政府的主要税源,但是地方主体税种少,且纳税主体分散,尤其是近些年来
"营改增"和国地税合并等改革实施以后,营业税等地方主体税种逐渐转变
为增值税等中央地方共享税种,地方征税权进一步上缴,地方财力更是"捉
襟见肘"。在支出责任方面,地方政府承担的职责众多,如发展教育、改善医
疗、完善养老等,出现了明显的权责不匹配的问题。由图2-5给出的数据可
以看出,2000年到2015年间, 中央财政支出在全国财政支出中的占比由
34.8%下降到了14.6%, 以县级政府为代表的地方政府的财政支出比重由
19.1%提高到41.0%,使得县级政府财政支出压力不断加重。结合2017年地
方政府公共预算支出详情可知,地方政府在公共服务支出、教育和节能环保
支出、社会保障与就业支出、医疗与计划生育支出等方面都占主要部分,占
比分别为92.3%,95.93%, 99.26%,94.86%和93.76%。[①]再从收入端来看,中
央政府的收入占比不断增加, 地方政府在支出责任增加的同时收入并未得
到相应的增加,沉重的公共服务支出压力,使得地方政府陷入财力窘境。在
此情形下,地方政府不得不为发展经济而围绕着流动资本进行横向竞争。

---

① 国家统计局:2018年《中国统计年鉴》,http://www.stats.gov.cn/tjsj/。

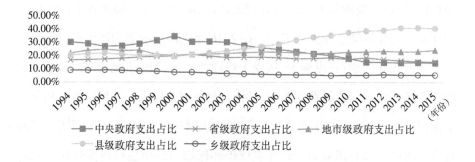

图2-5　中国五级政府财政支出占比情况

数据来源:《1994—2015年中央与地方政府间收入划分情况》,《地方财政研究》,2016年第4期。

政治集权的属性决定了中央政府是地方政府考核激励标准的制定者。改革开放以后,在"以经济建设为中心"的主导下,中央政府在对地方官员政绩评价时始终将经济绩效作为主要考核指标,在经济和政治两个层面,地方政府承受着双重激励和制约,并逐渐形成"晋升锦标赛"机制(张晏和龚六堂,2005;周黎安,2004;周黎安,2007),进一步激化地方政府引资竞争。张五常(2009)在文章中就曾经提到,中国经济增长在制度方面受到的推动力实际上是由县级政府竞争制度安排造就的。

在"晋升锦标赛"的制度安排下,地方政府为了实现辖区利益最大化,实施了一系列的税收与扶持型竞争策略以吸引更多流动性资源,环境规制也是其中经常使用的政策工具。因为企业在进行投资区位选择时,通常会将环境监管标准纳入重要考量范围,如果地方政府的环境规制强度作出适当调整,企业的选址成本也会受到相应的影响。因此,如果竞争区域降低或提高环境规制强度,该区域也会以自身利益最大化为基本原则,根据竞争者的环境规制强度制定本区域的环境规制水平,使资源的流动不流入竞争地区,从而导致地区之间的环境规制竞争。地方生态环保部门是环境保护的主要职能部门,负责环境的监测和统计管理工作,同时负责协调解决各个区域出现的环境问题和污染企业整治工作。在 2016 年之前①,我国的环保部门存在明显的双重领导问题:在纵向上,接受上级同业务部门指导;在横向上,地方政府负责各环保部门的经费划拨、人员晋升和编制安排等。一旦在横向和纵向上出现业务冲突问题,生态环保部门在执法时通常会表现出"畏手畏脚"的特点,由此可以看出双重管理体制使得环保部门的执法权威性受到极大的限制。

可见,地方政府间的"为增长而竞争"对环境规制政策的执行力度产生深刻影响,再加上地方政府在环境规制执行时通常具有适量的自由裁量权,使其为了进一步提升竞争优势,会有意识地选择模仿相邻地区所制定的环境规制政策,达到与之相当水平的环境规制强度。从当前来看学术界倾向于认为地方政府为了更好地获得外来流动性要素,会主动选择降低环境规制标准,走向环境规制的"竞相向下"(蔡昉,2008;张克中,2011),其主要原因在于,严格执行环境监管标准会导致流动资金放弃对该地区的投资,而向环境监管较为宽松的地区转移,导致地区间环境监管力度和水平相近,最终导致环境规制无法发挥其应有的作用,使得整体生态环境恶化。

此外,还有一种与之不同的研究逻辑,即企业在投资区位选择时环境监管标准并非唯一考量因素,尤其是对于那些环境友好型的医疗或科技类企业,更倾向于选择具有良好的环境质量条件的区域进行投资。随着经济发展到特定阶段以后,地方政府更有意愿选择公共服务竞争的方式,防止资源外

---

① 2016 年,国务院办公厅印发《关于省以下环保机构监测监察执法垂直管理制度改革试点工作的指导意见》提出将试点省以下环保机构垂直管理,截至目前,已有 12 个省份进行了试点,省以下环保机构垂直管理后,地方生态环境部门的独立性会有所加强,但是本书的研究单位是省级层面的数据,因此此次试点对本书分析不产生影响。

流。在此阶段,政府无需对环境监管门槛下调便能够达到吸引资本的效果,考虑到这种可能,政府反倒会进一步提升环境规制标准实现更高水平的公共服务融资。地方政府会选择新建环境处理基础设施,加大改善市容环境、园林绿化之类的建设投入,进一步优化城市投资环境,提高区域内环境质量水平,进而更好地吸引外部资本,获得区位竞争优势(沈坤荣、付文林,2006;白俊红,2017)。因此,地方政府会在经济发展到特定阶段以后,采取更加严格的横向环境规制竞争,以实现"竞争向上"的结果。在此情形下,生态环境甚至有可能会成为地方政府打造自身竞争优势的重要工作领域。

基于此,本书提出受到中国式分权影响而形成的"为增长而竞争"的格局中,在经济发展初期,为了进一步提升流动性资源的持续性流入,地方政府会主动地在环境规制上发生横向竞争,而这种竞争形式主要是区域间的"竞相向下"模仿竞争,造成的结果是环境规制强度的集体下降和整体弱化。经济发展到特定阶段后,流动性资本对环境质量的要求变高,驱使地方政府采取更加严格的横向环境规制竞争,倾向于采取"竞相向上"竞争策略,强化了整体的环境规制强度。

(四)自上而下的环保考核对环境规制竞争的影响假设

中国财政分权独特的政治集权属性赋予了中央政府设定地方官员晋升规则的权力,但是在规则设定上并非总是处于常量状态,会随着环境变化和政府工作意图的调整而做出适当的改变。尤其是近几年来,环境问题日益突出,上至国家下至公众对环境问题的重视程度不断增强,中央政府在制定的绩效考核体系中进一步增加了环保考核比重。

二十世纪八九十年代,《中华人民共和国环境保护法》于 1989 年正式通过,开启了中国环保考核的篇章。《环境保护法》明确要求各级地方政府对辖

财政分权体制下地方政府间环境规制竞争及其影响因素研究

区内的环境质量的保持与提高负有主要职责，从法律上明确了环保考核实施的必要性。为了保证环保考核工作的持续推进、提升地方领导干部的环保意识，原国家环保总局于 1999 年又印发了《县市党委、政府领导班子环保工作实绩考核暂行办法》（以下简称《办法》），明确了环保考核工作的核心对象、考核领导小组的具体分工及相应奖惩机制的建立标准。《办法》的出台标志着中央实现了地方环保工作的首次与干部实绩考核挂钩，为推动环保工作的顺利开展起到了积极的作用。在"十五"规划期间，中央政府又继续明确了 SO₂、氨氮之类污染物的减排目标。但在制定的"十五"规划纲要中仅仅提到了环境考核指标的奖励，缺乏环境考核结果的具体运用，与官员晋升关联性不大，因此无法对地方官员形成有力约束，最终也造成了"十五"规划中制定的环保考核指标丧失了应有的作用。在"十五"期间，SO₂ 排放量和 COD 等污染对象的排放量不降反增，无法达到政策制定的预期目的。

环保考核的失效备受中央政府关注，原国家环保部门为了解决这一问题，又在 2005 年 7 月发布《中国公众对国家"十一五"环保规划建议书》，面向公众公开征集实施环保规划问题的解决方案，并于同年的 12 月成功发布了《关于贯彻落实科学发展观、进一步加强环境保护的决定》。该决定中首次明确了干部环保考核结果与地方官员晋升之间的重要联系，将其作为干部任用选拔和奖惩的重要依据。随后的"十一五"规划中，我国又将经济总量和经济结构之类的指标列入到预期性指标行列，将资源、环境和人口等方面的指标划分为约束性考核指标，其中环境污染方面的考核指标依然延续了"十五"规划中的内容，又添加了工业固体废弃物等指标。2007 年，原环保部门将《"十一五"主要污染物总量削减目标责任书》下发至各省、自治区和直辖市，并与各级地方政府签订目标责任书。到了 2011 年，《主要污染物总量减排考核办法》的正式出台，更是将环保考核"一票否决"制和问责制结合起来，对地方干部的环保考核控制得更加严格，标志着中国逐步建立起完善的官员环保约束性考核体系。

自党的十八大以来，中共中央又先后出台了多部官员绩效考核体系改革性的规范性文件，进一步完善了干部考核评价体系。党的十八届三中全会于 2013 年召开，出台了《关于全面深化改革若干重大问题的决定》，该决定中指出，要改善原先的干部考核评价体系，纠正单纯地将经济增速作为政绩考评的错误导向，适当地增加环境损害与资源消耗之类指标的权重。2013 年，《关于改进地方党政领导班子和领导干部政绩考核工作的通知》发布，其中将生态文明建设纳入地方党政领导干部绩效考核评价体系中，明确要求有责必究。2016 年，"十三五"规划正式出台，进一步强化了绿色发展的基本理念，夯实了官员考核体系中环保考核的重要地位。不久后，中共中央和国务院先后出台了《生态文明建设考核目标体系》与《绿色发展指标体系》等文件，现代生态文明建设的相关内容也正式进入地方政府考核标准中，并提出了一岗双责、党政同责等要求。上述文件首次将生态文明建设的评价权重置于 GDP 权重之上，具体而言，环境治理、生态保护、环境质量、资源利用等指标权重分别为 16.5%、16.5%、19.3% 和 29.3%。与之相对应的是增长质量权重下调至 9.2%，不足 10%。上述政策规定确定了党政干部的"责任清单"、"终身追究"的问责制度，从根本上扭转 GDP 至上的政绩考核方式。在出台政策的同时，中央也加快了环保督查和环保约谈的行动步伐。从 2014 年开始，环保约谈制度逐渐由"督企"转向为"督政"。有数据指出，截至 2018 年 5 月，中央督察组先后约谈了地方政府的重要官员多达 61 个[①]。2016 年督察组深入河北开展督查工作，完成了河北环保约谈行动试点。经过两年的努力，中央已

___

① 新浪网：61 个政府被环保约谈，力度会加大吗？http://news.sina.com.cn/sf/news/fzrd/2018-05-14/doc-ihapkuvk2751832.shtml。

完成全国 31 个省份督查全覆盖,在督查中通告处罚、撤职等问责人数已经超过 1.7 万人次[①]。中央通过行政手段利用环保督查的形式深入地方党委政府,对其环保履职情况实施现场督查,再将督查得到的结果汇报至中央,中央以此为依据对干部实施奖惩或任免, 在环保治理中达到了强化地方政府环保职责的目的。

为了更加清晰地把握我国环保考核的政策发展脉络,本书对"十五"规划到"十四五"规划中出台的相关减排指标及完成度进行梳理制作成表 2-1,以供参考。

表 2-1 "十五"至"十四五"规划主要减排指标及全国完成程度

时间	减排指标	约束性指标	规划目标（单位:%）	完成情况（单位:%）
2001—2005（"十五"规划）	二氧化硫（SO_2）	1999 年开始推行官员的环保考核	-10	27.8
	化学需氧量（COD）		-10	-2.1
	工业固体废弃物		-10	-48.1
2006—2010（"十一五"规划）	二氧化硫（SO_2）	2005 年将环保考核与晋升相挂钩	-10	-14.29
	化学需氧量（COD）		-10	-12.45
	工业固体废弃物		-10	
2011—2015（"十二五"规划）	二氧化硫（SO_2）	2011 年实行环保问责制和一票否决制	-8	-12.9
	化学需氧量（COD）		-8	-10.1
	氨氮排放量（NH_3-N）		-10	-9.8
	氮氧排放总量（NO）		-10	-8.6

---

① 新华网:中央环保督察威力大——2016 年到 2017 年两年内完成了对全国 31 省份的全覆盖,http://www.xinhuanet.com/2017-11/07/c_1121916536.htm。

续表

时间	减排指标	约束性指标	规划目标 （单位:%）	完成情况 （单位:%）
2016—2020 （"十三五"规划）	二氧化硫(SO_2)	环保考核在地方官员考核体系中的地位不断加强	-15	-18.9
	氮氧排放总量 （NO）		-15	-16.3
	化学需氧量 （COD）		-10	-11.5
	氨氮排放量 （NH_3-N）		-10	-11.9
2021—2025 （"十四五"规划）	细颗粒物 （PM2.5）	环保考核在地方官员考核体系中的地位不断加强	-10	
	臭氧（O_3）		-10	
	氮氧化物（NO）		-10	
	挥发性有机物		-10	

资料来源:根据"十五""十一五""十二五""十三五""十四五"规划纲要全文整理所得。

　　通过以上关于国家在环保考核上的实践论述发现，目前中央政府已经摆脱了传统的"唯GDP"政绩观,逐渐形成了将环保考核纳入地方官员考核体系中的多元化政绩观。

　　除此之外,学术界也对政绩考核与环境规制的关系进行了大量研究。张可等（2014）,于文超等（2014）将2006年作为时间分界线,对2006年前后的绿色考核体系对环境规制的影响和污染治理的效果等方面内容展开分析,揭示了绿色考核体系建立的积极意义。Kahn otal（2015）通过使用准自然实验法对我国499个2004—2010年分布在多个省界交界地带的环境监测点的监测数据进行分析后发现,从2005年中国实行河长制以后,在考核范围内的污染物排放量有了显著的降低,但未纳入考核体系中的污染物的实际排放量并未发生显著改变。由此推测出,官员在环境治理中存在明显的行为倾向,对于纳入考核范围的各项治理指标努力达成,而对于那些未被纳入考核范围的治理指标存在明显主观逃避意识和行为倾向。张彩云等(2018)对我国 2003—2014 年城市面板数据进行深入分析,详细探讨地方政府环境治理的横向互动,研究发现财政分权与考核体系的合理匹配与良性互动能够显著推动环境治理的"良性竞争",尤其是环境绩效指标的建立有助于实现地方政府间环境治理的"逐顶竞争",反之,经济绩效指标会导致环境治理的"逐底竞争"。韩国高和张超(2018)选取 2004 —2014 年 274 个地级市的面板数据,构建了动态高斯混合模型(GMM),详细地探讨了财政分权、考核体系对中国多个城市环境污染造成的影响程度。研究发现,中国的财政分权使得环境污染有所加剧,但在绿色考核比重增加的过程中,财政分权所起到的环境消极作用有所降低。余东华和邢韦庚(2019)在延续韩国高和张超研究思路的同时,又将污染源引入到共同分析框架中,采用 2006—2016 年全国285个地级以上城市的面板数据进行实证分析,研究发现,地方政府在中央政府严厉监督和晋升激励下,接收外来污染企业的意愿下降,说明绿色政绩指标考核能够降低本地区的污染排放,提高环境治理水平。李智超、刘少丹和杨帆(2021)利用断点回归方法评估中央环保督察的环境治理效应,研究发现,中央环保督察可以降低督查地的空气污染程度。孙晓华,袁方和翟钰等(2022)以 266 个地级市空气污染指数数据为研究样本,研究发现,在中央首轮环保督察和"回头看"期间,督查地的空气状况明显好转。

由此可见,政绩考核"指挥棒"作用明显,对地方政府官员的行为具有明显的指引作用。通过强化绿色考核、优化政绩考核体系、合理配置考核资源,进一步转变落后的"唯 GDP"的政绩观,提升地方政府官员对环保和环境治理的重视程度,有助于改善地方政府间环境规制"逐底竞争"行为。

基于此,本书提出当中央政府环保考核达到特定强度时会有效抑制地方政府环境规制"竞相向下"策略的制定与实施,从而有助于使地方政府的环境规制朝着"竞相向上"状态发展。

(五)自下而上的公众环保诉求对环境规制竞争的影响假设

根据第一代财政分权理论可知,居民可以通过"用脚投票"的方式自由地表达个人偏好,倒逼地方政府最大限度地改善公共服务水平满足居民偏好。除此以外,"用手投票"的作用机制也在同时发挥作用,居民可以根据对地方官员的执政评价来决定其任免结果。在两种投票机制的作用下,公众有动力监督政府工作,促使政府改善公共服务供给水平,提高公共产品的供给能力,进而改善环境状况和优化环境质量。在学术界,国外的众多研究表明公众"用手投票"的方式显著提高了政府环境治理效率,优化环境治理政策制定工作(List & Sturm,2006),并且提高民主监督水平、赋予公众更大监督权利优化环境政策,提升政策实施成效(Farzin & Bond,2006)。

然而中国与西方国情不同,"用脚投票"机制在实际的运行中发挥作用相对有限,其主要原因在于我国现行的户籍制度使得人口无法实现区域间的自由流动,因此难以对地方政府的公共服务供给行为产生实质压力,再加上地方官员的人事任免权牢牢地掌控在上级政府手中,公众"用手投票"也难以发挥有效的作用。在这种现实情况下,两种投票机制的失效,让公众无法对地方政府的工作进行监督和约束。公众与地方官员在效益函数上存在差别,前者追求的是获得良好的公共服务,而后者追求的是地区 GDP 的增长和职务的晋升,这一差别使得地方政府对维护良好环境、优化环境产品的重视程度不够,最终出现环境规制选择性执行的结果。学术界也有文献证明,李永友和沈坤荣(2008)对中国的各种污染防控和治理政策取得的治理成效进行分析后发现,排污收费制度显著地影响到污染的治理效果,而公众的环境投诉对环境执法的影响程度相对有限。

值得注意的是,从 2013 年 11 月开始,中共中央出台了一系列重大政策决定,提出了加快户籍制度改革和有步骤地放开各种类型城市落户限制等要求,原先的限制"用手投票"制度运行的条件不断松动,引发了全国多个省市的"抢人"大战。 2013 年以来,多省市出台人才引进政策,降低人才准入门槛,促进人才自由流动。例如在 2018 年西安市推出的宽松在线落户政策,短短三个月后政策效应显著,21 万大学生成功落户, 达到了 2017 年全年落户相当水平①;2018 年天津市正式加入"抢人大战",出台新的、门槛更低的人才引进政策,甚至放宽了居住证和社保等硬性条件②。由此可以看出,经过中央政策的不断引导,我国公众的"用脚投票"机制实现的制度条件基本建立。

与此同时,"用手投票"机制在中央决策中发挥的作用日益增强。进入 21世纪以后,环境问题日益严峻,公众的环保意愿高涨、环保诉求强烈。在过去的 20 年里,环境群体性事件在国内频繁发生,以中石油大连海域污染、厦门PX 项目污染事件为代表的群体性环境污染事件,极大地提升了公众对环境的关注度。而且目前的环境群体事件呈现出更加明显的复杂化和规模化特征,对社会稳定造成的危害也更加严重。再加上国内的一些环保组织的成立,加速唤醒了中国公众的环保意识。在此情形下,国家顺应民意于 2015 年完成《环境保护法》的修订工作,并在其中的第 53 条③中明确规定公民、法人和组织的环保信息获取、环保行为参与和环保监督保护方面的权利,对各级人民政府相关部门的职责做出详细描述。在第 57 条④中规定公民、法人和组

---

① 每日经济新闻:西安秀抢人战绩:前 3 个月落户 21 万人,直逼去年总量,http://money.163.com/18/0329/00/DE1CDD2D002580S6.html#from=relevant。

② 凤凰网:放宽落户条件,天津一天抢人 30 万,finance.ifeng.com/c/7d0KjU0VrJA。

③ 《中华人民共和国环境保护法·实用版》,中国法制出版社,2014 年。

④ 《中华人民共和国环境保护法·实用版》,中国法制出版社,2014 年。

织在发现生态环境破坏或环境污染行为发生时，要全力向相关环保部门举报；如果发现环保部门存在不依法履责的，还可以向上级监察部门举报。监察部门在接收到举报以后，不能泄露举报人信息，要维护举报人权益。从上述相关规定中可以看出，国家在法律层面为公众参与环境治理扫清了障碍。2015 年，《环境保护公众参与办法》正式实施，从法律层面凸显了公众参与在环境政策中的重要地位。随后，国家制定的"十三五"规划中明确提出绿色发展的基本理念，鼓励社会公众、政府和企业共同参与，形成三方共治的良好环境治理局面。生态环境部在 2018 年发布的一项数据中指出，2017 年，我国通过环保举报平台累计获得举报事件 618856 项，其中微信举报 129423 件，约占 20.9%，"12369"环保举报热线电话 409548 件，约占 66.2%，网上举报79885 件，约占12.9%[1]，而中央环保督察组在进行环保督察时，也将满足公众合理诉求、保障公众合法权益作为重要监察目标。2017 年，在接到群众举报以后，中央环保督察组带队视察湖北黄冈罗田县，发现其经济开发区环境污染问题突出，违法生产、污水直排现象突出，给予多位官员处分、记过处理[2]。

在学术界，也有众多学者对于公众环保诉求和环境规制或者环境质量的关系进行了深入研究。万建香和梅国平（2012）将社会资本引入环境学领域，发现居民的环保意识会内化为社会资本，有助于实现经济和环境的"双赢"。郑思齐等（2013）挑选了中国 86 个城市，对其 2004—2009 年的数据进行实证分析后证实，公众环保诉求水平与政府产业结构调整、环境治理投资水平和环境质量水平等显著正相关，并且公众环保诉求能够使环境库兹涅

---

[1]　环境保护部：环境保护部通报 2017 年全国"12369"环保举报办理情况，http://www.gov.cn/xinwen/2018-01/23/content_5259745.htm。

[2]　中国新闻网：《湖北黄冈罗田县经济开发区环境污染问题突出被通报，多位官员受处分》，2018-04-02，https://m.sohu.com/a/227067775_123753。

財政分权体制下地方政府间环境规制竞争及其影响因素研究

茨曲线的拐点提前到来。于文超等(2014)基于 2003—2011 年中国各省数据，实证研究发现公众积极参与环保可以促使地方政府颁布更多法律法规和增加环境污染治理投资。吴建南、徐萌萌和马艺源(2016)运用中国 2004—2011 年的省级面板数据研究发现，公众环保诉求对于关于自身健康的非约束性环境污染物和约束性环境污染物具有很好的抑制作用。余亮(2019)利用2004—2014 年中国除港澳台和西藏地区的 30 个省份的面板数据通过实证研究发现，公众环保诉求提高可以提升地方政府的环境治理水平，且这种提升效应在经济发展水平高的地区尤为显著。张宏翔和王铭槿(2020)以中国 2005—2014 年 31 个省的数据为研究样本，运用空间杜宾模型检验了公众环保诉求对环境规制的影响。研究发现，公众环保诉求可以从整体上提升环境规制水平，而且本地的公众环保诉求可以提升相邻地区的环境规制水平。

根据上述分析可以看出，正因为环境是公共产品，与个人生活和生产密切相关。环境问题的持续恶化，吸引了公众对环境问题的不断关注。尤其是在信息化的当代，公众了解环境问题的渠道更为丰富，对环境问题更加关切，在环境治理方面的参与热情不断提升，积极主动地通过举报或信访等手段直接反映所在区域内的环境问题，或是通过微博、自媒体等形式表达个人的环境诉求。如果公众的合理诉求长期未能得到地方政府的积极回应，将会有转变为群体性事件的可能，由此引发当地政府受到上级政府的严厉问责。

基于此，本书提出公众环保诉求能够有效改善环境规制"竞相向下"的不良竞争状态，推动地方政府逐渐实现独立规制，达到环境规制"竞相向上"的效果。

中国幅员辽阔且人口众多，不同区域在资源禀赋、自然风貌、民风民俗等方面存在较大差别。改革开放以后，在非均衡发展战略的影响下，东部地区受到中央的人事、财政、税收、引进外资等多方面优惠政策的积极推动,率先完成了区域对外开放,取得了众多发展优势,提高了区位经济发展水平,实现了优先发展。中西部地区受到东部地区的辐射作用相对有限,交通不便,产业结构不合理的问题十分突出,处于投入高产出低的尴尬境地,居民的生活水平与东部地区存在较大差距。由此可以判断出东中西区域在经济发展方面差异众多,环境规制领域亦是如此。

国内外也有很多学者围绕着中国东中西部地区间的环境规制竞争差异进行分析。如赵霄伟(2014)选取中国地级市面板数据,利用空间杜宾面板模型进行实证分析,结果表明,虽然地方政府在环境规制竞争中出现了"逐底竞争",但这种竞争是局部性的,影响范围相对有限。在经济相邻和地理相邻条件下,只有中部地区政府间的环境规制"逐底竞争"显著,东部和东北区域的横向环境规制竞争表现为明显的"差异化竞争"特点,西部地区的环境规制竞争不显著。郑金玲(2016)通过对中国2003—2013年近280个城市的数据进行实证分析,详细探讨了环境规制引发的产业结构效应,研究发现东部地区普遍采用的是差异化的环境规制竞争策略,中西部地区则普遍采用的是模仿化的环境规制竞争策略。

基于此,本书提出东、中、西部地区在环境规制竞争类型上存在差异,相关影响因素对其的影响程度同样也存在差异。

(六)分析框架

对上文论述进行总结概括后,笔者编制了本书的分析框架,详见图2-6。

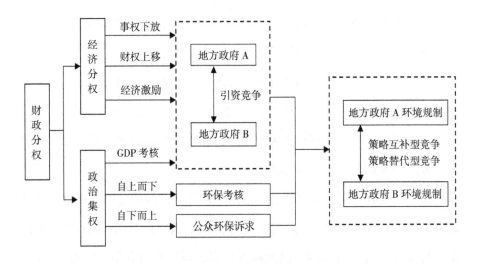

图 2-6　本书理论分析框架图

资料来源:作者自制。

　　根据图 2-6 可知,中国财政分权体制在发展过程中逐渐走向两个极端。一方面,经济分权为地方政府获得了经济自主权提供了便利,便于地方政府根据实际发展情况就财政支出结构与规模做出独立决定,提高了地方政府发展经济的内在动力。中央政府依靠下放支出责任和上移财权等形式,迫使地方政府不得不大力发展经济。再加上中央政府建立的以 GDP 为主导的政绩考核方式,进一步强化了地方政府发展经济的基本导向,由此必然引发横向政府间对经济资源的争夺,即"引资竞争"。另一方面,政治集权使得中央政府牢牢把握地方政府考核标准的制定主动权,中央可以根据实际发展需要制定考核标准,党的十八大以来,中央加强了对地方政府环保指标的考核,公众也可以通过互联网公开求助或者利用信访方式将信息扩散到中央政府,进而使地方政府制定出更加科学合理的环境规制政策,保证其环境规制水平。据此可以看出,无论横向的引资竞争还是纵向的环保考核或公众环保诉求,都会对地方政府的环境规制竞争程度产生影响。因此在实际的分析中,为了确保分析的完整性,有必要将三者共同纳入统一的分析框架中,进一步完善和发展财政分权理论,提高该理论的适用性水平,更好地揭示在财政分权体制下环境规制竞争的特征、影响因素及相关作用关系,对推进我国的绿色发展和生态文明建设具备一定的理论参考,也具有一定的现实意义。

第三章
地方政府环境规制竞争的策略互动机理

　　本书在上一章详细梳理了经济增长与环境污染的关系——主要聚焦于环境库兹涅茨曲线，污染避难所假说，波特假说，财政分权与环境污染，地方政府竞争动因及其与环境污染的关系，环境规制竞争的类型、效应及其动因，环境规制指标测量等相关研究现状，寻找到在中国现行的财政分权体制下，关于地方政府间环境规制竞争研究的研究缺口。以财政分权理论作为基本研究视角，将引资竞争、环保考核、公众环保诉求三个影响因素与环境规制竞争纳入统一分析框架中，提出三个影响因素对环境规制竞争的内在影响机理并作出理论假设。

　　本章节以上述内容为基础，将演化博弈法运用在财政分权下的政府环境规制竞争类型及其影响因素分析中，选取两地政府严格环境规制的情形下得到中央政府奖励补贴、两地政府放松环境规制的情形下受到中央政府处罚、一方放松一方加强环境规制条件下放松规制政府的经济收益、一方放松一方加强环境规制下加强规制政府的经济受益，以及公众对放松环境规制的反应引发的政府声誉下降和利益损失等不同情形下的相关经济参数作为博弈模型的分析内容，分别核算两地政府的各自收益矩阵，探讨其在五种不同情况下的演化趋势，为确定地方政府环境规制竞争的合理类型及其内在作用机制奠定基础。

一、演化博弈方法的选取依据

(一)经典博弈中完全理性的限制

博弈论主要用于解决特定的信息和环境约束下博弈主体取得的最优策略解的求解问题中，其分析基础在于决策主体在进行决策时会受到相关利益主体行为选择的干扰与影响，研究模式同经济学研究方法基本一致，都主张在特定的约束条件下实现效益的最大化，即达成个人理性决策的目的。经济学家在 20 世纪 70 年代的研究中发现，在探讨个人行为和个人效用函数时，时序问题和信息问题尤为重要，需要一种分析方法将两者充分结合起来，博弈论应运而生。海萨尼于 1967 年、1968 年连续发表了一系列不完全信息博弈论文介绍相关研究成果。进入 20 世纪 80 年代以后，以米尔格罗姆、罗伯茨为代表的四位经济学家在分析信誉问题时，用博弈论成功构建了"四人帮模型"。自此以后，博弈论逐渐发展成为微观经济学的重要理论基础和主流经济学中的重要构成部分。拉斯玛森在名为《博弈与信息》的著作中详细地梳理了博弈论与经济学的发展关系：20 世纪 40 年代，博弈论与经济学充满勃勃生机，在随后的发展中博弈论不断萎缩，逐渐沦为计量经济学中的子科目，主流经济学中计量经济学的地位已经无法替代；20 世纪 70 年代，经济学家逐渐发现博弈论对于解决复杂经济问题的重要价值，博弈论的应用范围不断拓展；20 世纪 80 年代，博弈论吞没了微观经济学，成为微观经济学中最重要的分析方法之一。

众所周知，经典博弈理论是建立在决策主体作用关系的基础之上，将决策者假定为完全理性人，也即"理性经济人"，这一假设前提相比于新古典经济学"理性人"要更为苛刻。所谓的"理性经济人"，除了能够对自身偏好、达成目的具有明确认知以外，还能够对经济生活中的任何变动做出独立选择。其经济行为是充满自主意识与理性色彩的，不存在任何随机或经验性的决策。换而言之，"理性经济人"具备完备的理性和充分的信息，能够在现有的空间内寻找到目标实现的各种备选方案并洞察其实施的后果，然后在此基础上根据设定的价值标准做出最佳决策。通过这一分析可以看出，"完全理性"实际上是建立在对自身清晰认知、完美的分析记忆判断和逻辑推理的基础之上，与现实中的人存在较大的差距，难以在现实中达成。因此，"完全理性人"的基本假设与当前人类思维进化程度存在较大的差距，现实人总是在试错的过程中不断总结完善做出最优决策，还远远没有达到"完全理性人"的要求。

(二)演化博弈的有限理性假设

约翰·梅纳德·史密斯在 20 世纪 80 年代的《演化与博弈论》一书中认为，完全理想是无法在现实中达成的，经济学家应当摆脱这种假设的束缚。在书中，他根据人类决策的发展过程，使用"演化稳定"替代"完全理性"。乔根·W.威布尔随后也专门编写了《演化博弈论》，将经济学假设不再设定为博弈双方的完全理性。这标志着从 20 世纪 90 年代以后经济学家对博弈的演化结果的认知更具有现实性，即博弈的演化稳定结果表现为伴随多种均衡过程的函数，在均衡的实现过程中会受到各种制度、历史以及某些细节影响，使得均衡的实现或者较快或者较慢，如同生物演化一般。演化过程具体如下：在一个庞大的群体中，个体通过随机重复选择的方式进行利益博弈，每次在策略选择前会面临两种不同的决策。个体在作出决策以前无法判定决策的优劣。因此进入博弈的第一阶段,会自发随机选择策略。伴随着第一阶段的结束,各自的收益结果出现,有些个体通过比较发现自身收益超出其他个体,于是在进入第二次博弈阶段以后,会选择与第一阶段类似的策略,进一步提高自身的收益。根据这一发展趋势,周而复始,个体要么维持历史决策要么对过去决策进行调整,最终达到一种稳定状态。由此可以看出,演化过程的共性内容在于演化过程中策略决策方始终维持自身决策的优越性,逐渐形成演化稳定策略,它从另外的角度解释了达尔文的"生物进化论"中的"适者生存"理论。

二、演化博弈模型构建

(一)参数假设

地方政府可供选择的环境治理方式多种多样,考虑到篇幅限制,本书在研究中只围绕环境规制工具展开分析,而忽略地方政府其他的环境治理方式和手段。在以往的博弈论的研究中,学者通常将博弈双方的策略选择项设定为"0"和"1",即地方政府在规制和不规制两种极端情形下做出选择(潘峰和西宝等,2014;姜珂和游达明,2016;初钊鹏和卞晨等,2019)。然而在现实中,地方政府环境规制选择边界并非清晰,存在规制与不规制的中间状态,为了能够更好地契合现实状态,本书借鉴某些学者(黄万华和王娟等,2015;李俊杰和张红,2019)的做法,引入两种状态,即"放松"与"加强"。这两种状态的此消彼长,是根据对参数的设置使其在"0—1"之间变化得以实现。本书将两个地方政府做出的环境规制决策定义为加强规制和放松规制,前者代表的是地方政府更加严苛的执行中央的环境规制标准，后者代表的是地方政府放松执行中央的环境规制标准。

为了便于分析，引入两个地方政府分别定义为 A、B 政府，同为有限理性人，将自身利益最大化作为终极追求目标。在忽略博弈顺序的情形下，A、B政府在进行策略选择时并无先后次序之分。考虑到环境规制的制定方为中央政府，A、B 政府负责执行中央政府的标准，同时又可以在中央赋予的自由裁量权的范围内做出自主选择。假设 SA、SB 分别代表的是 A、B 政府选择策略集，地方政府 A 的策略集为 SA=（加强环境规制，放松环境规制），地方政府 B 的策略集为 SB=（加强环境规制，放松环境规制）。

假设当地方政府 A 和 B 在做出加强环境规制选择后得到的经济收益、付出规制成本、得到中央补贴依次为 H_A 和 H_B，C_A 和 C_B，S_A 和 S_B，在做出放松环境规制选择后受到的经济处罚、公众抱怨而带来的声誉受损或利益下降依次为 F_A 和 F_B，P_A 和 P_B。另外，当地方政府 A 和 B 做出的选择集为加强环境规制和放松环境规制时，流动资本 M_0 会由 A 地区流向 B 地区，反之，当地方政府 A 和 B 做出的选择集为放松环境规制和加强环境规制时，流动资本 M_0 会由 B 地区流入 A 地区，整个分析过程不考虑流动资本的迁移成本①。当地方政府 A 和地方政府 B 同时加强环境规制水平时，地方政府 A 的收益为 $H_A - C_A + S_A$，地方政府 B 的收益为 $H_B - C_B + S_B$；当地方政府 A 加强环境规制，地方政府 B 放松环境规制时，地方政府 A 的收益为 $H_A - C_A + S_A - M_0$，地方政府 B 的收益为 $M_0 - F_B - P_B$；当地方政府 A 放松环境规制，地方政府 B 加强环境规制时，地方政府 A 的收益为 $M_0 - F_A - P_A$，地方政府 B 的收益为 $H_B - C_B + S_B - M_0$；当地方政府 A 和地方政府 B 同时放松环境规制时，资

---

① 实际上企业迁移落户是存在成本的，但是为了分析的简便，这里不再考虑迁移成本。

本流到 A 地区和 B 地区的概率是相等的,都为1/2,地方政府 A 和 B 放松环境规制的经济收益为 $\frac{1}{2}M_0 - F_A - P_A$ 和 $\frac{1}{2}M_0 - F_B - P_B$,初始假定地方政府 A 加强环境规制和放松环境规制的概率分别为 x 和(1 - x),地方政府 B 加强环境规制和放松环境规制的概率分别为 y 和(1 - y)。建立模型的各个参数表述内容如表 3-1。

表 3-1　博弈模型参数及含义

参数	含义
H_A	A 政府加强环境规制取得的经济收益
H_B	B 政府加强环境规制取得的经济收益
C_A	A 政府加强环境规制付出的执行成本
C_B	B 政府加强环境规制付出的执行成本
S_A	A 政府加强环境规制得到的中央补贴
S_B	B 政府加强环境规制得到的中央补贴
F_A	A 政府放松环境规制受到的中央处罚
F_B	B 政府放松环境规制受到的中央处罚
P_A	A 政府放松环境规制因公众的抱怨而导致的声誉受损或利益损失部分
P_B	B 政府放松环境规制因公众的抱怨而导致的声誉受损或利益损失部分
$H_A - C_A + S_A$	A 政府、B 政府采取(加强环境规制,加强环境规制时)行动时,A 政府取得的经济收益
$H_B - C_B + S_B$	A 政府、B 政府采取(加强环境规制,加强环境规制时)行动时,B 政府取得的经济收益
$M_0 - F_A - P_A$	A 政府、B 政府采取(放松环境规制,加强环境规制时)行动时,A 政府取得的经济收益
$H_B - C_B + S_B - M_0$	A 政府、B 政府采取(放松环境规制,加强环境规制时)行动时,B 政府取得的经济收益
$H_A - C_A + S_A - M_0$	A 政府、B 政府采取(加强环境规制,放松环境规制时)行动时,A 政府取得的经济收益

参数	含义
$M_0 - F_B - P_A$	A 政府、B 政府采取(加强环境规制,放松环境规制时)行动时,B 政府取得的经济收益
$\dfrac{1}{2}M_0 - F_A - P_A$	A 政府、B 政府采取(放松环境规制,放松环境规制时)行动时,A 政府取得的经济收益
$\dfrac{1}{2}M_0 - F_B - P_B$	A 政府、B 政府采取(放松环境规制,放松环境规制时)行动时,B 政府取得的经济收益

(二)收益矩阵

基于上述假定,博弈双方选择不同策略时的收益不同:博弈双方均选择"加强环境规制"策略时,地方政府 A 获得的期望收益为 $H_A - C_A + S_A$,地方政府 B 获得的期望收益为 $H_B - C_B + S_B$。博弈双方都选择"放松环境规制"策略时,地方政府 A 的收益为 $\dfrac{1}{2}M_0 - F_A - P_A$,地方政府 B 的收益为 $\dfrac{1}{2}M_0 - F_B - P_B$。地方政府 A 选择"放松环境规制"策略,地方政府 B 选择"加强环境规制"时,地方政府 A 的期望收益为 $M_0 - F_A - P_A$,地方政府 B 的期望收益为 $H_N - M_0 - C_B + S_B$。地方政府 A 选择"加强环境规制",地方政府 B 选择"放松环境规制"策略时,地方政府 A 的收益为 $H_A - M_0 - C_A + S_A$,地方政府 B 的收益为 $M_0 - F_B - P_N$,综上,地方政府 A 和 B 的博弈收益矩阵如表 3-2 所示。

表 3-2　地方政府 A 和地方政府 B 的收益矩阵

	地方政府 A	地方政府 B
	加强环境规制(y)	放松环境规制(1−y)
加强环境规制(x)	$(H_A - C_A + S_A, H_B - C_B + S_B)$	$(H_A - M_0 - C_A + S_A, M_0 - F_B - P_B)$
放松环境规制(1−x)	$(M_0 - F_A - P_A, H_B - M_0 - C_B + S_B)$	$\left(\dfrac{1}{2}M_0 - F_A - P_A, \dfrac{1}{2}M_0 - F_B - P_B\right)$

三、演化稳定策略

(一)博弈稳定策略选择

根据以上分析可知,有限理性个体在尚未达到进化稳定状态时,会选择不断调整策略。调整的本质是不同策略的比例随着平均收益与预期收益的差异而变化。超出群体收益的策略方可以有意识地抵御突变策略的入侵,更好地适应群体演化,这类个体的数量会持续增加,使得相应的策略选择比例不断提升;低出群体收益的策略方逐渐丧失了抵抗突变策略入侵的能力,不断被淘汰。

据此分析可知,地方政府 A 在加强环境规制时得到的期望收益 UA1 为:

$$UA1 = y(H_A - C_A + S_A) + (1 - y)(H_A - M_0 - C_A + S_A)$$

式(3-1)

地方政府 A 在放松环境规制时得到的期望收益为:

$$UA2 = y(M_0 - F_A - P_A) + (1 - y)(\frac{1}{2}M_0 - F_A - P_A)$$

式(3-2)

于是可以计算出两者的平均收益 $UA = xUA1 + (1 - x)UA2$

进而得到加强环境规制选择策略下的地方政府 A 的策略复制动态方程为:

$$F(x) = \frac{dUA}{dt} = x(1 - x)(UA1 - UA2),即$$

$$F(x) = x(1 - x)(H_A - C_A + S_A + F_A + P_A - \frac{3}{2}M_0 + \frac{y}{2}M_0)$$

式(3-3)

93

与之类似,可以得到地方政府 B 的两种策略情形下的期望收益:

$$UB1 = x(H_B - C_B + S_B) + (1 - x)(H_B - M_0 - C_B + S_B)$$

式(3-4)

$$UB2 = x(M_0 - F_B - P_B) + (1 - x)(\frac{1}{2}M_0 - F_B - P_B)$$

式(3-5)

于是可以计算出两者的平均收益 $UB = yUB1 + (1 - y)UB2$

进而得到加强环境规制选择策略下的地方政府 B 的策略复制动态方程为:

$$F(y) = \frac{dUB}{dt} = y(1 - y)(UB1 - UB2),即$$

$$F(y) = y(1 - y)(H_B - C_B + S_B + F_B + P_B - \frac{3}{2}M_0 + \frac{x}{2}M_0)$$

式(3-6)

通过式和(3-3)和(3-6)构建的两个微分方程,可以将 A 和 B 两个政府的"加强环境规制"策略演化过程清晰描绘出来,进而得到演化均衡状态。即,令 $F(x) = 0, F(y) = 0$,得到:

$$x1 = 0, x2 = 1, x^* = \frac{3M_0 + 2C_B - 2H_B - 2S_B - 2F_B - 2P_B}{M_0}$$

$$y1 = 0, y2 = 1, y^* = \frac{3M_0 + 2C_A - 2H_A - 2S_A - 2F_A - 2P_A}{M_0}$$

式(3-7)

即在平面 $N = \{(x^*, y^*); 0 \leqslant x^* \leqslant 1, 0 \leqslant y^* \leqslant 1\}$ 上,地方政府的环境规制策略博弈有五个均衡点 $O(0,0), A(0,1), B(1,0), C(1,1)$,鞍点 $D(x^*, y^*)$。

根据表 3-3 给出的结果可以看出,在这一演化稳定系统中存在两个局部稳定点与一个鞍点,为了便于理解,表 3-3 中罗列了参数的具体变化和演化路径。

表 3-3　演化博弈中均衡点的稳定性分析

均衡点	detJ	trJ	局部稳定性
x=0,y=0	+	−	ESS
x=0,y=1	+	+	不稳定
x=1,y=0	+	+	不稳定
x=1,y=1	+	−	ESS
x=x*,y=y*	+	0	鞍点

图 3-1 给出的是地方政府 A、B 之间的环境规制演化图,其中除了 D 代表的是混合策略均衡点以外, 其他各点均为纯策略均衡点。参照 Friedman(1991) 研究法, 对双方的演化博弈策略稳定过程进行全面分析。其中,C(1,1)代表的是政府 A 和政府 B 的(加强环境规制,加强环境规制)策略,O(0,0)代表的是政府 A 和政府 B 的(放松环境规制,放松环境规制)策略;x 代表的是地方政府 A 的加强环境规制策略在整个策略中的占比,y 代表的是地方政府 B 的加强环境规制策略在整个策略中的占比;将相关参数置于平面 D={（x, y）|0≤x, y≤1}中进行系统性讨论,以了解该博弈系统的稳定性与均衡点分布情形。图 3-1 中的 ADB 折线将整个图形一分为二(临界线),位于右上半部分的是区域 ADBC,系统最终收敛域节点 C,即(加强环境规制,加强环境规制);位于左下半部分的是 ADBO,系统最终收敛域节点 O,即(放松环境规制,放松环境规制)。

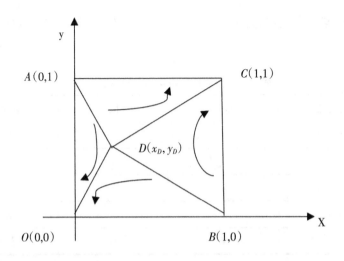

图 3-1　地方政府间环境规制演化博弈的相位图

依据图 3-1 给出的博弈相位图可看出，如果初始状态停留在 ADBC 区域内,最终该系统的收敛点位为 C,即对应的政府 A、B 的(加强环境规制,加强环境规制)策略,双方位于"竞相向上"的环境规制竞争状态;如果初始状态停留在 ADBO 区域内,最终该系统的收敛点位为 O,即对应的政府 A、B 的(放松环境规制,放松环境规制)策略,双方位于"竞相向下"的环境规制竞争状态,陷入环境治理博弈论中的"囚徒困境"。

结合上述分析可知,地方政府环境规制策略选择的最终演化结果存在两种基本可能,即(加强环境规制,加强环境规制)和(放松环境规制,放松环境规制), 而演化路径和稳定均衡则是由 S_{ADBC}、S_{ADBO} 两个区域面积相对大小所决定。若 $S_{ADBC}>S_{ADBO}$,系统会大概率沿着 DC 路径向 C 点演化;若 $S_{ADBO}=S_{ADBC}$,则系统演化的方向不确定,双方选择"加强环境规制"策略的概率和选择"放松环境规制"策略的概率相当;若 $S_{ADBO}>S_{ADBC}$,系统会大概率沿着 DO 路径向 O 点演化。因此,根据图 3-1 所示,要促使地方政府加强环境规制,改善区域环境质量,就需要使区域 ADBC 面积(S_{ADBC})尽可能大,即使鞍点 D 尽可能收敛于 O 点。当 D 点与 O 点重合时，此时 x = 0，y = 0，$(S_{ADBC})max = 1$，此时系统稳定均衡策略为(加强环境规制，加强环境规制)。

通过鞍点参数的调整可以分析博弈主体在约束变化时的动态演化过程，其中，也即鞍点的位置变化 $x^* = \dfrac{3M_0 + 2C_B - 2H_B - 2S_B - 2F_B - 2P_B}{M_0}$，

$y^* = \dfrac{3M_0 + 2C_A - 2H_A - 2S_A - 2F_A - 2P_A}{M_0}$，与六组变量十一个参数相关。这

六组变量分别 H_A 和 H_B，C_A 和 C_B，S_A 和 S_B，P_A 和 P_B，F_A 和 F_B，M_0，具体参数变化，造成的鞍点的变化和相位与演化轨迹如表3-4所示。

表3-4　各参数动态变化对地方政府环境规制策略的影响

参数变化	鞍点变化	相位图面积与演化轨迹
H_A 上升	y^* 下降	SADBC 增加，(加强规制，加强规制)
H_B 上升	x^* 下降	SADBC 增加，(加强规制，加强规制)
S_A 上升	y^* 下降	SADBC 增加，(加强规制，加强规制)
S_B 上升	x^* 下降	SADBC 增加，(加强规制，加强规制)
C_A 上升	y^* 上升	SADBC 减小，(放松规制，放松规制)
C_B 上升	x^* 上升	SADBC 减小，(放松规制，放松规制)
P_A 上升	y^* 下降	SADBC 增加，(加强规制，加强规制)
P_B 上升	x^* 下降	SADBC 增加，(加强规制，加强规制)
F_A 上升	y^* 下降	SADBC 增加，(加强规制，加强规制)
F_B 上升	x^* 下降	SADBC 增加，(加强规制，加强规制)
M_0 上升	x^* 上升 ，y^* 上升	SADBC 减小(放松规制，放松规制)

从表3-4给出的结果中可以发现，地方政府在环境治理过程中做出的环境规制行为受到的影响因素主要包括 x^*(地方政府 A 环境规制初始比例)和 y^*(地方政府 A 环境规制初始比例)；为了深入探讨 x^*、y^* 对演化结果的

影响过程,笔者在分析中对两个参数的数值分别进行调整,得到的结果详见下图3-2。政府A在调整初始比例后,政府B的策略选择方式有所不同。A在环境规制不积极初始状态下,B以自身利益最大化为基本原则,也会选取相对宽松的环境规制水平,使得B政府辖区内环境质量恶化。随着A的环境规制强度的提升,B在环境规制方面的认识也会发生改变,加强环境规制成为B的主要选择,使得B政府辖区内环境质量有所改善,政府收益水平有所提升。据此分析可以看出,地方政府区域间的环境规制策略的选择存在相互影响和作用关系,规制效果亦是如此,即存在耦合协同性策略选择倾向。由此可以看出,加强环境规制的比例相对较低的初始状态下,会使得博弈演化系统导向不良状态。不良状态出现以后,地方政府又会适当地加强环境规制,引导博弈演化系统向理想状态演化。因此无论博弈双方中的哪一方做出的环境规制决策都会对另一方的规制决策行为、效果产生重大影响。换而言之,x^* 和 y^* 数值越大,越有利于博弈系统达到理想状态收敛效果。

(二)演化情景模拟

结合上述分析,可以将地方政府的环境规制行为设定为六种情景,分别观察演化过程。

情景一:求解 x^*、y^* 分别对 C_A 和 C_B 的偏导,然后据此测算其对博弈均衡形成的影响效果。模拟分析后发现,C_A 和 C_B 的增加,带来的是 x^*、y^* 的增大,S_{ADBC} 面积的减少,于是博弈系统向节点 D(1,1)这一理想状态的收敛概率降低。这一分析结果表明,环境规制的加强建立在大量资金投入的基础上,而资金的投入会造成地方政府的财政压力,因此会抑制环境规制积极性,无法解决改善环境污染问题。

情景二:求解 x^*、y^* 对 S_A 和 S_B 的偏导,然后据此测算其对博弈均衡形成的影响效果。模拟分析后发现,S_A 和 S_B 的增加, 带来的是 x*、y* 的减小,S_{ADBC} 面积的增大,于是博弈系统向节点 D(1,1)这一理想状态的收敛概率增加,有助于实现向(加强规制,加强规制)的理想均衡状态收敛。

情景三:求解 x*、y* 对 F_A 和 F_B 的偏导,测算其对博弈均衡的影响。模拟分析后发现,F_A 和 F_B 的增加,带来的是 x*、y* 的减小,S_{ADBC} 面积的增大,于是博弈系统向节点 D(1,1)这一理想状态的收敛概率增加,有助于实现向(加强规制,加强规制)的理想均衡状态收敛。

情景四:求解 x*、y* 对 P_A 和 P_B 的偏导,测算其对博弈均衡的影响。模拟分析后发现,P_A 和 P_B 增加带来的是 x*、y* 的减小,S_{ADBC} 面积的增大, 于是博弈系统向节点 D(1,1)这一理想状态的收敛概率增加,有助于实现向(加强规制,加强规制)的理想均衡状态收敛。

情景五:求解 x*、y* 对 H_A 和 H_B 的偏导,测算加强环境规制的经济收益对博弈均衡的影响。模拟分析后发现,H_A 和 H_B 增加带来的是 x*、y* 的减小,S_{ADBC} 面积的增大,于是博弈系统向节点 D(1,1)这一理想状态的收敛概率增加,有助于实现向(加强规制,加强规制)的理想均衡状态收敛。

情景六:求解 x*、y* 对 M_0 的偏导,测算其对博弈均衡的影响。模拟分析后发现,HA 和 HB 增加带来的是 x*、y* 的增加,S_{ADBC} 面积的减小, 于是博弈系统向节点 D(1,1)这一理想状态的收敛概率下降,不利于实现向(加强规制,加强规制)的理想均衡状态收敛,表明政府试图通过放松环境规制吸引流动资本的方式抑制了环境改善的效果。

通过对上述六种情境的模拟分析,可以发现,地方政府间的环境规制在有约束存在的条件下,双方都倾向于向"加强环境规制"的方向演化。

基于此,本书提出地方政府环境规制竞争在引资竞争、中央环保考核和公众环保诉求的共同作用下,逐渐走向"竞相向上"或"独立规制"状态。

第四章
地方政府间环境规制竞争存在类型检验

　　前述章节引入演化博弈分析法对政府环境规制竞争的演化稳定策略进行深入分析，提出地方政府在约束条件下环境规制竞争演化发展趋势的假设，完成本书的理论分析部分。本章主要是对上述理论假设进行实证检验。实证检验首要解决的是证明地方政府间环境规制竞争形式与类型是否与假设相一致。

　　本章主要研究内容的内在逻辑如下：首先，对中国环境规制演进历程进行详细梳理和系统分析。其次，将环境规制划分为两种基本类型，即命令控制型环境规制和市场激励型环境规制。再次，系统梳理环境规制测量方式的研究文献，通过对方法比较分析，明确了熵值法在测定环境规制测量中的有效性和可行性，利用该方法构建环境规制综合指数，用于探讨环境规制的时空变化趋势和差异分布。随后，将莫兰指数、吉尔系数结合起来对中国地方政府间环境规制在地理邻接矩阵、经济距离矩阵和外商投资距离矩阵下的空间相关性进行检测分析，对我国地方政府间环境规制竞争类型做出判断。最后，在判断的基础上，将莫兰指数、吉尔系数运用在不同矩阵条件下区域间环境规制竞争的差异性分析。

一、中国环境规制演进与地方政府规制工具

(一)环境规制演进阶段

中国环境规制有着自身的演进路径,随着我国内外部环境变化、政策调整而发生相应的改变。具体来看,可以将其划分为 4 个阶段,现分别介绍如下:

1.起步阶段(1972—1991 年)

1949 年新中国成立,国家百废待兴,当时最主要的问题是解决民生问题,为加快恢复国民经济,国家制定了第一个五年计划(1953—1957 年),提出优先发展重工业战略。在此战略指导下,国家在理念和实践层面,都未重视环境治理。简单的环境治理举措仅体现在生活饮用水源保护、渔业资源保护、森林绿化和江河水患治理层面。直至 1970 年,中国仍然处于工业水平低、经济发展缓慢的发展阶段,生活生产行为对环境造成的污染还相对有限,因此国家也尚未成立专门的环境管理机构,与环境管理相关的职能分散在农林部、卫生部、社会保障部等部门。农业部负责保护水资源。卫生部负责水质达标,保障人民身体健康。林业部负责植树造林,防治自然灾害。劳动和卫生保障部负责制定相关防范标准,保障职工身体健康。1972 年,《人类环境宣言》在联合国会议上正式通过,标志着人类在改善和保护环境方面迈入新的进程。受此影响,中国对环境的重视程度也在不断加深,并成立了环境保护领导小组,组建办公室负责统筹环境管理机构的建立和职权的划分。1973 年,中国召开首届全国环境保护大会,在会议上通过了试行草案,揭开了我国环保事业的发展序幕。1974 年,国务院环境保护领导小组正式成立,这是

中国历史上首个专门负责管理的机构。1974—1978年，国家先后颁布了多个海水污染防治、工业"三废"排放以及食品卫生安全等方面的管理办法和规章制度。在1975年还专门制定了首个十年环保发展规划，不过受到对环境规划的理论方法和管理实践等方面缺少经验的限制，导致该规划并没有实质性地开展。

改革开放以后，在"以经济建设为中心的"发展战略的主导下，中国民营经济全面发力，迎来了快速发展的机遇期，但大多数企业在发展经济时并不具备环境保护意识，资源的过度开发造成了严重的环境质量问题。彼时，中国的环保领域方面正处于立法空白，政府环境规制建设工作迫切需要提上日程，环保机构建设工作迫在眉睫。到了1979年，《环境保护法（试行）》的正式颁布标志着中国的环保领域建立了首部基本法，为推进环境规制建设工作的顺利开展奠定了良好基础。《环境保护法（试行）》首次以法律条文的形式规定了"三同时"[①]排污收费，明确了环境影响评价制度，对省、市、县等各级政府提出了设立环保机构的要求。1982年，《征收排污费暂行办法》的颁布，标志着中国在环境规章制度方面有了大幅进步，此次暂行办法为污染减排的实施提供了重要经济政策支持。1983年，第二次全国环境保护会议召开，会议中通过了将环保当作基本国策的提议，明确了将"谁污染谁治理""强化环境管理""预防为主、防治结合"作为我国的三大基本环保政策。1989年，重新编修《环境保护法（试行）》，并完成了《环境保护法》的颁布，自此，中国环境规制立法体系已见雏形。

同时，国家也在大力推动环保机构建设工作。1982年，在国务院的综合协调下，国家组建环保领导小组综合办、城乡建设环境保护部，并在部门内

---

① "三同时"是指建设项目中防治污染的设施，应当与主体工程同时设计、同时施工、同时投产使用。

设置环境保护局。1984年,原城乡建设环境保护部环境保护局正式更名为国家环境保护局,负责对环境保护方面工作的规划、协调与监管。1988年,环境保护局从城乡建设环境保护部中分离出来,再次更名为国家环境保护局,由国务院直接领导,进一步凸显了其职能权限,拓展了工作范围,对环保工作的顺利开展起到了巨大推动作用。

总体而言,在起步阶段中国的环境规制在方针政策和制度方面均有发展,环境规制手段逐渐走向法制化,环境保护机构在向专门化方向发展,环保机构职能也在不断强化,这标志着中国的环保工作逐渐步入正轨。

2.拓展阶段(1992—2001年)

以党的十四大市场经济体制的确立为标志,中国逐渐进入市场经济发展的时代,迎来了快速发展的春天。但随之而来的是生态环境日益恶化。为了有效解决这一问题,国家多部委联合采取众多措施推进环保工作的顺利开展,这一时期发布的政策法规也较为密集,例如1993年的《中国环境与发展十大对策》、1994年的《中国二十一世纪议程》,提出了可持续发展的基本发展方针,明确了良好的环境质量在可持续发展中的重要地位。随后,中国正式启动环境保护立法工作,《大气污染防治法》《水污染防治法》等多项专门法先后颁布,行政法规与部门规章纷纷出台,尤其是2000年颁布的《全国生态环境保护纲要》,更是强调了环境保护的重要性和环境规制的必要性。环境立法工作如火如荼开展的同时,环保机构改革也逐渐进入深化发展阶段。1993年,环境保护委员会成立,负责拟定与环境保护相关的各项规章制度。1998年,国家环境保护局职级由副部级提升为正部级,工作职能进一步细化,设置了自然生态保护司、规划与财务司、宣传教育司、污染控制司、政策法规司、监督管理司等12个司局级机构和环境规划院、环境监测总站和环境应急与事故调查中心等16个直属单位,体现了党中央和国务院对环境保护工作的重视。2001 年国家环保总局开始建立环保核查制度,监督企业增加环保投资以更有效地进行环境保护。不久以后,中国各级政府也纷纷成立了环境管理机构,逐渐形成以人大机构为立法主体、政府机构为监管主体、市级环境管理机构为执行主体的综合性环境规制管理体系。

整体而言,此时期的环境规制体系建设有了长足进步与发展,环保机构功能更加完善。但值得注意的是,此时中国的发展理念仍然是以经济建设为主导,中央的环保理念和地方的具体执行方面仍存在不少需要完善之处。

3.深化阶段(2002—2011 年)

进入 21 世纪以后,中国经济发展迅猛,城镇化、工业化快速向前推进,在以发展重工业为主导的发展形势下,中国经济有了快速增长,但与之伴随的是环境污染问题日益凸显,环境治理形势日益严峻。在此形势下,国家对环境保护的重视程度不断提升,提出了将可持续发展理念深入贯彻落实在国民经济的发展中,自此,国家的环境规制事业步入转型期。党的十六大提出了科学发展观这一重要发展理念,党的十七大明确了将经济可持续发展作为努力的方向。2005 年国家正式颁布了《关于落实科学发展观加强环境保护的决定》,首次提出了环境优先的区域发展要求,对达不到环保标准的企业进行多种层面的限制,彰显了中国环境治理的决心。同时国家也进一步完善了环境保护法律法规建设,频繁出台了多项环境保护、清洁生产、环境治理、环境防治等方面的法律法规,其中包括 2002 年颁布的《清洁生产促进法》,2003 年颁布的《排污费征收使用管理条例》,2004 年颁布的《固体废物污染环境防治法》,2007 年出台的《节能减排综合性工作方案》等。与环境保护相关的法律法规的出台,一改传统的先污染后治理的环境管理理念和管理模式,将预防为主、防治结合等新的理念引入到环境管理过程当中,达到源头上控制污染的目的,标志着中国环境管理方式相比于以往发生了重大改变。

这一时期,中国政府高层多次召开高规格的环境保护会议,比如在 2006 年召开的全国环境保护会议中明确了"三个转变"①的环境污染问题解决方案,在 2007 年召开的经济工作会议中提出完善环境法律法规,发挥法律的规制作用,将财政、税收和价格等工具运用在节能减排等领域。2008 年,国家环境保护总局正式升级为环境保护部,对全国范围内的环境污染问题进行全面把控、监管,并负责制定相应的执行标准,提升了环境问题的协调统筹管理水平。

此外,国家还在财政和金融等多个领域发力,出台了一系列的环境保护政策,优化产业结构,促进经济转型。2007 年国家环保总局制定了经济发展和环境保护相配套的综合名录,为国家相关部门制定经济政策提供了环境保护依据。国家环保总局也联合银监局制定了绿色信贷政策,促进了企业的绿色结构转型。除此之外,国家环保总局还联合保监会进行绿色保险试点,第一批共有 30 个省份开展试点工作,极大提高了企业环境风险的承受能力。国家环保总局联合财政部出台了提高环保投入效率、优化财政资金配置的相关政策,采取"以奖代补"、调整能源消费结构、脱硫电价补贴的方式促进城镇污水处理设施建设。2008 年国家税务总局、财政部、国家环境部开始完善绿色税收政策,引导企业着手绿色转型,相继出台了公共污水处理、节能减排技术、沼气利用、公共垃圾处理和海水淡化五类项目的税收优惠政策。

总体而言,这一时期中国的环境规制政策体系发生了战略性变革。环境

---

①　"三个转变"即加快实现从重经济增长、轻环境保护向保护环境与经济增长并重转变,从环境保护滞后于经济发展向环境保护与经济发展同步转变,从主要用行政办法向综合运用法律、经济、技术和必要的行政办法解决环境问题转变。

规制目标、规制理念、规制手段发生重大转变,环境规制政策体系不断完善,环境保护也逐渐从单一领域蔓延至多个领域,成为重要的生产力要素。

4.创新阶段(2012年至今)

随着我国粗犷式发展方式的难以为继,经济发展与环境保护的矛盾日益突出,人们深刻认识到环境保护对于经济发展的重要性。在新时期,我国的环境管理体制改革取得了长足发展,主要体现在中央层面的高度重视。党的十八大以来,国家将环境问题上升到战略高度,将生态文明建设纳入"五位一体"总体布局中。2014年,《环境保护法》正式通过修订并于次年正式实施,此次修订完成的《环境保护法》对环境违法行为给予严厉惩治,凸显了国家在环境污染治理方面的决心。2015年,《关于加快推进生态文明建设的意见》印发,"创新、协调、绿色、开放、共享"理念的提出彰显了国家解决当前环境污染问题的决心。2016年和2017年,《关于建立统一规范的国家生态文明实验区的意见》和《关于规划和严格坚持红色发展的若干意见》的印发对各级政府环保责任的履行做出了明确要求。2018年,《环境保护法》的实施使环境保护税取代了我国实行多年的排污费。党的二十大指出,要推动绿色发展,促进人与自然和谐共生。同时,在中央和地方,部门和部门之间的统筹管理上,2016年,国家启动了环保机构改革工作,加强各部门统筹管理。2018年3月,国家不再保留环境保护部,正式组建生态环境部,原分散在水利、农业、环保和国土资源等多个部门的管理职责重新划归于生态环境部,优化了职能分配,也妥善地解决了部门间存在的多层管理和职能交叉问题。2016年,《关于全面推进河长制意见》的出台,要求建立起覆盖省市县乡的四级河长制,实现了复杂环境问题多层级的协同治理,为水资源治理工作的顺利开展奠定了良好基础。2017年,为了进一步优化海湾生态治理资源配置,"湾长制"工作领导小组开始试点,建立起海陆长效管理统筹机制。在中央与地方统筹协调管理方面,2015年,《党政领导干部生态环境损害责任追究办法(试行)》等政策的出台,将环保领域的一岗双责和党政同责制度以法律的形式规定下来,明确了领导干部在环境保护方面承担的职责。

(二)地方政府环境规制工具类型

根据前文论述,为了解决企业污染排放行为所产生的市场失灵和负外部性问题,地方政府需要利用环境规制对企业的排污行为进行规制。地方政府在进行环境规制时,可供选择的工具有两种,现分别介绍如下。

1.行政命令型环境规制

它是国家行政管理部门以现行法律法规为依据,对各种生产行为进行监管,即政府通过行政手段和法律手段,强制规范企业的生产行为。由于政策工具实施效率有所不同,行政命令型环境规制也存在多种类别,主要包括以下两类:一是地方政府在环境管理方面制定的各种地方性法规,二是生态环境部门针对生产、制造类企业制定的各种技术规范和环保制度,例如前文提到的投资项目"三同时"、排污许可证制度均是如此。行政命令型环境规制工具具有明显的政策优势,可以前置环保事项,优化环境资源控制,且以政府强制手段作为基本保障,执行效率高且成本低。但同时,这种环境规制工具会专门设定环境保护下限,缺乏对企业技术创新的有效激励,执行起来也缺乏灵活性。另外,由于行政命令型规制政策采用统一的监管标准,很难实现社会减排降污成本最小化,同时由于执法过程中政府可能存在"寻租"①行为,导致规制的效果减半。

---

① 寻租,又称为竞租,是指在没有从事生产的情况下,为垄断社会资源或维持垄断地位,从而得到垄断利润,所从事的一种非生产性寻利活动。

2.市场激励型环境规制

它是国家行政管理部门充分发挥市场激励作用,通过制定财政补贴、企业征税或收费等方式, 推动企业根据自己的生产经营管理需要自主选择排污成本与收益,进而达到财务量控制和排污技术升级的目的的规制形式。主要包括可交易的排放许可证、减排补贴和排污税等类型。依据市场激励型环境规制的运行机理,可以将其划分为两种基本类型:一是在政府强制性干预作用下将环境外部成本内部化的一种政策工具, 例如为生态项目提供政府补偿或补贴,对超额排放污染量的企业征收税款和罚金等。二是发挥市场机制作用解决环境污染问题负外部性的一种政策工具, 例如国家当前建立的排污权交易制度就是这种工具形式,能够充分发挥市场机制运作效能,提升企业污染治理的自主性和积极性, 将强制的政府治理转化为企业的自觉遵守。

与行政命令型工具相比而言,市场激励型工具为企业赋予更高自主权,企业能够在成本收益之间做出最优决策,更好地引导企业自主创新,实现经济和社会效益整体最大化。然而市场激励型工具的标准的制定和功能的发挥,需要不断试错和调整,是一个相对漫长的过程。

二、环境规制综合指数的测量

(一)测量指标选取

环境规制水平测量科学与否关系到科学研究的最终成效。从当前来看,学术界围绕着评价指标体系的构建设立了以下基本原则(蔡琳,2016):科学性原则,即指标选取科学,测量模型设计合理等;全面性原则,即指标选取全面系统,能够反映出被测对象的真实水平;可测量性原则,即设定的评价指标获得的各项数据必须明确,可供测量;可比较原则,即在测量时考虑到时空变化问题,注重指标的横纵向对比。本书以上述基本原则为指导,以前一章节中环境规制的类型划分和基本定义为出发点,结合收集数据的类型特征,参考薄文广等(2018)的研究分析方法,对环境规制强度进行一级指标和二级指标划分,具体如表4-1所示。此外,在研究中根据薄文广等(2018)的研究方法对环保验收项目环保投资金额、环保行政主管部门与监察机构部门人数等数据作出相应的调整。由于《中国环境统计年鉴》中的最新数据只到2015年,本书利用线性插值法将缺失年份数据补全,由于线性插值法的使用对缺失数据有最多不能超过两年的年限要求,所以本书将研究数据截至2017年。

表 4-1　环境规制测量指标体系

一级指标	命令控制型			市场激励型		
二级指标	行政部门和监察机构总人数(人)	当年完成环保验收项目数(项)	行政处罚环境案件数(件)	防治项目投资金额(亿元)	环保验收项目环保投资金额(亿元)	排污费(万元)

(二)测量方法选择

在环境规制水平测量方法的选择中,当前主要存在两种类型:一是主观赋权法,由决策者依据自身经验判断对权重进行酌情确定,其中代表的分析方法有德尔菲法和模糊、层次分析法等(陈佳贵等,2006);二是客观赋权法,以现有的数量计量方法为准,对客体各项属性信息进行收集处理用于计算得到指标权重,其中代表的分析方法有主成分分析法、熵值法、灰色关联分析法等(陈明星等,2009;韩晓明,王洪燕,2015;陈银娥等,2016;吕开宇等,

2016)。综合考虑,本书将熵值法作为环境规制指数构建的操作方法。熵法中的"熵"来自信息论,是衡量不确定性的指标。熵越小,信息量越大,其中包含的不确定性越小,反之亦然。

根据熵的这一基本特性,可以计算出熵值的大小,从而对事件的随机性和无序程度做出判断,揭示指标的离散程度。一般来说,指标离散程度大对综合评价的影响也比较显著。具体测量方法如下:

第一步:构建原始评价指标矩阵 A。

$$A = (a_{ij})_{n \times m}$$

式(4-1)

第二步:原始评价指标标准化处理,旨在消除不同物理量纲造成的测量结果误差,得到矩阵 R。

正向指标处理公式:

$$r_{ij} = \frac{a_{ij}}{\max_i(a_{ij})}, i \epsilon N, j \epsilon I_M$$

式(4-2)

其中,r_{ij}(i=1,2,…,m,j=1,2,…,n)表示第 i 年第 j 项环境规制指标的标准化数据,原始矩阵转换成标准化矩阵 R:

$$R = (r_{ij})_{n \times m}$$

式(4-3)

第三步:计算指标的特征比重$\dot{r}_{ij}$,得到归一化矩阵$\dot{R}$。

$$\dot{r}_{ij} = \frac{y_{ij}}{\sum_{i=1}^{n} \dot{r}_{ij}}, i \epsilon N, j \epsilon M$$

$$\dot{R} = (\dot{r}_{ij})_{n \times m}$$

式(4-4)

第四步:计算第 j 项指标的信息熵 e_j,确定其环境规制指标的权重 ω_j。

$$e_j = \frac{1}{\ln n} \sum_{i=1}^{n} \dot{r}_{ij} \ln \dot{r}_{ij}, j \in M$$

式(4-5)

当 $\dot{r}_{ij} = 0$ 时,规定 $\dot{r}_{ij} \ln \dot{r}_{ij} = 0$。

$$\omega_j = \frac{1 - e_j}{n - \sum_{j=1}^{m} e_j}$$

式(4-6)

第五步:计算第 i 年的环境规制强度 er_i。

$$er_i = \sum_{j=1}^{m} (r_{ij} \cdot w_j)$$

式(4-7)

第六步:经过上述处理以后,计算得到各个省份的综合度量指标 er_i,该数字越大,代表 i 地区的环境规制强度越高。详细结果见表 4-2。

表 4-2 2004—2017 中国部分省份环境规制强度及排名

地区	2004	2005	2006	2007	2008	2009	2010	2011
北京	0.21	0.29	0.33	0.39	0.43	0.44	0.48	0.64
天津	0.2	0.14	0.16	0.18	0.19	0.2	0.2	0.29
河北	0.14	0.16	0.16	0.17	0.17	0.18	0.18	0.17
山西	0.09	0.11	0.1	0.11	0.11	0.12	0.12	0.2
内蒙古	0.12	0.12	0.11	0.1	0.1	0.1	0.08	0.08
辽宁	0.1	0.08	0.08	0.08	0.08	0.09	0.1	0.1
吉林	0.2	0.16	0.16	0.17	0.16	0.15	0.17	0.18
黑龙江	0.22	0.2	0.19	0.2	0.2	0.19	0.21	0.19
上海	0.11	0.14	0.16	0.15	0.15	0.17	0.22	0.41
江苏	0.19	0.17	0.18	0.19	0.21	0.21	0.21	0.27
浙江	0.18	0.21	0.22	0.22	0.23	0.23	0.26	0.34

续表

地区	2004	2005	2006	2007	2008	2009	2010	2011
安徽	0.34	0.31	0.31	0.32	0.3	0.3	0.29	0.32
福建	0.22	0.19	0.2	0.2	0.19	0.19	0.18	0.28
江西	0.19	0.2	0.19	0.2	0.2	0.21	0.21	0.25
山东	0.22	0.23	0.23	0.25	0.25	0.26	0.25	0.22
河南	0.28	0.25	0.25	0.26	0.27	0.27	0.26	0.3
湖北	0.23	0.22	0.22	0.24	0.24	0.24	0.24	0.29
湖南	0.19	0.18	0.19	0.19	0.2	0.19	0.22	0.32
广东	0.26	0.3	0.33	0.32	0.3	0.34	0.36	0.49
广西	0.12	0.1	0.11	0.11	0.1	0.1	0.11	0.3
海南	0.83	0.82	0.83	0.81	0.81	0.81	0.81	0.8
重庆	0.19	0.18	0.19	0.2	0.2	0.2	0.21	0.32
四川	0.23	0.22	0.23	0.25	0.28	0.3	0.26	0.37
贵州	0.29	0.31	0.31	0.33	0.33	0.31	0.3	0.39
云南	0.36	0.37	0.35	0.36	0.36	0.37	0.38	0.31
陕西	0.2	0.2	0.2	0.2	0.2	0.22	0.21	0.26
甘肃	0.3	0.31	0.3	0.34	0.33	0.32	0.29	0.32
青海	0.21	0.13	0.12	0.12	0.11	0.1	0.09	0.15
宁夏	0.1	0.05	0.05	0.04	0.05	0.04	0.03	0.04
新疆	0.15	0.17	0.16	0.15	0.14	0.12	0.12	0.14

地区	2012	2013	2014	2015	2016	2017	平均值	排名
北京	0.68	0.76	0.87	0.89	0.87	0.85	0.580	2
天津	0.28	0.31	0.29	0.3	0.3	0.25	0.235	15
河北	0.17	0.17	0.17	0.17	0.18	0.16	0.167	24
山西	0.18	0.18	0.16	0.16	0.15	0.14	0.137	25
内蒙古	0.07	0.07	0.06	0.06	0.12	0.11	0.094	29
辽宁	0.1	0.11	0.08	0.08	0.14	0.21	0.102	28
吉林	0.21	0.21	0.19	0.17	0.27	0.17	0.183	23
黑龙江	0.18	0.2	0.2	0.17	0.21	0.17	0.195	22

续表

地区	2012	2013	2014	2015	2016	2017	平均值	排名
上海	0.44	0.48	0.45	0.44	0.39	0.58	0.306	6
江苏	0.29	0.29	0.27	0.25	0.19	0.15	0.219	18
浙江	0.37	0.37	0.36	0.33	0.33	0.26	0.279	11
安徽	0.31	0.32	0.3	0.28	0.28	0.22	0.300	9
福建	0.25	0.25	0.28	0.25	0.24	0.19	0.222	17
江西	0.26	0.26	0.26	0.22	0.18	0.16	0.213	20
山东	0.23	0.24	0.21	0.18	0.19	0.18	0.224	16
河南	0.31	0.3	0.29	0.26	0.34	0.33	0.283	10
湖北	0.3	0.3	0.29	0.27	0.28	0.23	0.256	13
湖南	0.34	0.35	0.35	0.31	0.34	0.31	0.262	12
广东	0.5	0.51	0.53	0.51	0.44	0.33	0.394	3
广西	0.29	0.31	0.3	0.3	0.3	0.22	0.197	21
海南	0.81	0.82	0.77	0.73	0.67	0.45	0.769	1
重庆	0.33	0.33	0.33	0.3	0.3	0.24	0.251	14
四川	0.4	0.4	0.38	0.35	0.31	0.23	0.300	8
贵州	0.36	0.36	0.32	0.32	0.26	0.16	0.310	5
云南	0.31	0.31	0.34	0.31	0.22	0.18	0.323	4
陕西	0.26	0.25	0.22	0.2	0.24	0.18	0.217	19
甘肃	0.32	0.32	0.29	0.27	0.3	0.25	0.304	7
青海	0.14	0.14	0.12	0.11	0.08	0.07	0.120	27
宁夏	0.05	0.05	0.05	0.06	0.06	0.05	0.051	30
新疆	0.11	0.1	0.1	0.11	0.13	0.06	0.125	26

根据表4-2可以得出,2017年全国大部分省份的环境规制水平较2004年都呈上升趋势,环境规制水平第1—5名的省份为海南、北京、广东、云南和贵州,第6—10名的省份为上海、甘肃、四川、安徽、河南;第11—15名的省份为浙江、湖南、湖北、重庆、天津;第16—20名的省份为山东、福建、江苏、陕西、江西。第21—25名的省份为广西、黑龙江、吉林、河北,山西;第

26—30名的省份为新疆、青海、辽宁、内蒙古、宁夏。由此可以看出,大家公认的环境比较好的地区的环境规制水平普遍比较高,这也说明了环境规制水平高的地区,环境质量也比较高,从侧面能够说明中国的环境规制在一定程度上能够有效治理环境污染。

(三)环境规制的时空差异性

为了便于观察东中西部地区在环境规制方面存在的差异,本书专门绘制了中国不同区域的环境规制水平示意图,详见图4-1。其中,参照国家西部大开发战略制定时对东中西部三大区域的划分标准,东部地区涵盖北京、广东、上海、辽宁、天津、河北、福建、山东、江苏、浙江、海南11个省(直辖市),中部地区涵盖黑龙江、吉林、安徽、湖北、江西、山西、湖南、河南8个省份,西部地权涵盖内蒙古、贵州、陕西、云南、广西、重庆、四川、甘肃、新疆、宁夏、青海、西藏12个省(自治区、直辖市)。考虑到数据的可获得性,本书未统计西藏环境规制数据,纳入统计范围内的数据主要包括30个省份(不包含港澳台地区)。

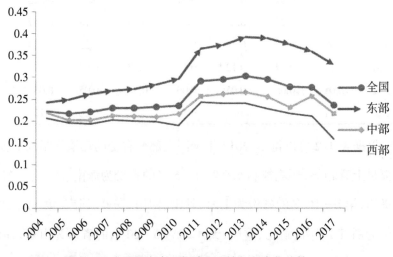

图4-1　全国及东中西部地区环境规制变化趋势

根据图 4-1 的变化趋势可以看出,中国环境规制水平呈现由"东—中—西"的梯度递减特征,东部地区显著超出全国平均水平,中部地区略超出西部地区,中西部地区均明显低于全国平均水平。

结合时间序列分析可以看出,从 2004 年到 2007 年,东部地区环境规制强度始终呈现出上升的发展趋势,2004—2009 年稳步增长,2010 年增速明显变快,随后呈稳步增长趋势。2013 年开始略有下降,但仍然远远超出 2004 年的水平。中部地区从 2004 年开始直至 2016 年,环境规制水平整体上升,2017 年有所下降,降至 2004 年相当水平。西部地区整体呈现出先上升后下降的发展趋势,在 2010 年以前,环境规制水平持续上升,到了 2011 年以后持续下降,直至 2017 年显著低于 2004 年的相当水平。综合来看,东中西部地区在 2010 年以前,环境规制水平都呈现出明显提高的发展趋势,其主要原因在于从 2007 年开始中国政府正式推动"生态文明建设"工作,环境保护得到前所未有的重视。然而环境规制措施的实施成效存在一定的时间滞后效应,直至 2010 年环境规制效果才得以体现。西部地区环境规制水平显著低于全国平均水平,其主要原因在于西部地区经济落后,地方政府为了更好地吸引流动资本,发展地方经济,有意地放松了环境规制,降低了环境规制门槛,吸引了大量的高能耗和高污染企业入驻,对当地的环境质量产生十分不利的影响。各个省份环境规制强度变化情形详见表 4-3。

表 4-3　2004—2017 年中国部分省份环境规制强度变化趋势

地区	2004	2017	趋势
北京	0.21	0.85	↑
天津	0.20	0.25	↑
河北	0.14	0.16	↑
辽宁	0.10	0.21	↑
上海	0.11	0.58	↑
江苏	0.19	0.15	↓
浙江	0.18	0.26	↑
福建	0.22	0.19	↓
广东	0.26	0.33	↑
海南	0.83	0.45	↓
山东	0.22	0.18	↓
东部地区	0.22	0.33	↑
山西	0.09	0.14	↑
吉林	0.20	0.17	↓
黑龙江	0.22	0.17	↓
安徽	0.34	0.22	↓
江西	0.19	0.16	↓
河南	0.28	0.33	↑
湖北	0.23	0.23	=
湖南	0.19	0.31	↑
中部地区	0.22	0.22	=
内蒙古	0.12	0.11	↓
广西	0.12	0.22	↑
重庆	0.19	0.24	↑
四川	0.23	0.23	=
贵州	0.29	0.16	↓
云南	0.36	0.18	↓
陕西	0.20	0.18	↓

续表

地区	2004	2017	趋势
甘肃	0.30	0.25	↓
青海	0.21	0.07	↓
宁夏	0.10	0.05	↓
新疆	0.15	0.06	↓
西部地区	0.21	0.16	↓

　　根据表 4-3,具体到各省来看,与 2004 年相比,2017 年东部地区各省的环境规制大多呈上升趋势,比如北京、天津、河北、辽宁、上海、浙江、广东,呈下降趋势的只有江苏、福建、海南和山东,并且除海南之外下降幅度都偏小。与2004 年相比,2017 年中部地区吉林、黑龙江、江西和安徽环境规制呈下降状态,山西、河南和湖南呈上升状态,湖北省的环境规制强度基本没有变化。相比于 2004 年,西部大多数省份在 2017 年的环境规制水平明显偏低,内蒙古、贵州、青海、甘肃、云南、陕西、宁夏和新疆 8 个省份呈明显的下降发展趋势,只有广西和重庆的环境规制水平有所上升。东中西部各省市与所在区域的整体变化趋势基本一致, 其主要原因在于东中西部地区在资源禀赋和经济发展方面存在显著差异,经济发展水平与环境质量的要求相匹配,东部地区经济水平高,环境规制严格,环境质量要求高;中西部地区出于发展经济的考量,会主动降低环境规制标准,以提高对流动资本的吸引力,造成了环境规制水平的下降。

三、地方政府间环境规制竞争类型检验标准

(一)判断依据

传统计量经济学在对微观主体分析时通常将其与整体独立开来，忽略周围环境对微观主体造成的影响。然而实际上区域联系越紧密，区间的经济指标的空间互相影响和互相作用就越普遍，在进行计量经济学分析时如果忽略了相邻区域空间联系，将会造成分析的不准确和不科学。因此，在众多研究中引进了空间相关性，即用来反映特定区域相关变量与其他区域同类变量的相关性程度的一个概念，也有将其称作为空间依赖性。地区在空间相关性的存在的前提下，自身区域的经济活动与邻近地区的经济活动会产生同频共振，出现策略互动现象，即空间竞争。倘若某个地区的目标研究变量随邻近地区的变量的改变而发生相应的调整，就可以表明该变量存在空间相关性(王周伟等，2017)，而且这种空间相关性会随着距离的缩短、属性的相近度的提升而有所加强。

从当前来看，众多研究方法都可以用来进行空间相关性检验，常见的有莫兰指数法、LR 检验法、吉尔系数法、LM 检验法等，其中莫兰指数法、吉尔系数法能够从整体层面上对变量的相关性进行系统性观察，与本书的研究视角契合，本书在研究中主要使用这两种检验方法对环境规制的空间依赖性进行检验。

莫兰指数法是 1973 年由 Cliff 和 Ord 共同提出，用来对空间相关性进行科学检验的方法，其数值大小位于−1 到 1 之间，正、负符号分别代表正相关与负相关，正相关表明低值与低值、高值与高值的区域相邻或者属性相似的

区域聚集,负相关表明低值与高值在区域相邻或属性相异区域聚集,数值为零代表变量间不存在空间相关性,具体计算公式如下:

$$I = \frac{n \sum\limits_{i=1}^{n} \sum\limits_{j=1}^{n} w_{ij}(x_i - \bar{x})}{\sum\limits_{i=1}^{n} \sum\limits_{j=1}^{n} w_{ij}(x_i - \bar{x})^2} = \frac{\sum\limits_{i=1}^{n} \sum\limits_{j \neq 1}^{n} w_{ij}(x_i - \bar{x})(x_j - \bar{x})}{S^2 \sum\limits_{i=1}^{n} \sum\limits_{j \neq 1}^{n}}$$

式(4-8)

式(4-8)中,n 代表的是研究内的地区总数;x_i 代表地区 i 观察变量,x_j 代表地区 j 观察变量, 均为研究的环境规制项;w_{ij} 代表的是 i、j 两个相邻地区权重值;S^2 代表的是变量方差;$\bar{x}$ 代表的是变量平均属性。

吉尔系数是一种用于全局序列检验的重要分析方法, 与莫兰指数的计算方法有所不同,吉尔系数 C 主要是用于测算数值离差值而非离差的叉乘,具体公式如下:

$$C = \frac{(n-1) \sum\limits_{i=1}^{n} \sum\limits_{j=1}^{n} w_{ij}(x_i - y_j)^2}{2 \sum\limits_{i=1}^{n} \sum\limits_{j=1}^{n} w_{ij} \sum\limits_{i=1}^{n} (x_i - \bar{x})^2}$$

式(4-9)

C 的数值大小在 0—2 之间,1 为界限,大于 1 为负相关,变量存在高低集聚关系;小于 1 为正相关,变量存在低值与低值、高值与高值集聚关系;等于 1,则表示空间相关性不存在。

(二)空间权重选取

空间权重是用来描述空间位置的分布形式, 本书在研究中主要使用三种空间权重方式,分别如下:

1.地理邻接矩阵

在这种矩阵形式中,以两地区是否存在共同边界作为相邻标准,存在共同边界取值为1,否则取值为0。其基本计算思想是建立相邻区域的策略互动关系强度要超出非相邻区域。之所以将地理邻接矩阵作为本书的重要研究内容,其主要原因在于环境本身具有公共物品属性,具有明显的外溢性特征,而环境规制具有正外部性效用,因此地理相邻的区域间的环境规制水平可能会存在竞争。其计算公式如下:

$$地理邻接矩阵\begin{cases} 1, i\,和\,j\,具有共同边界 \\ 0, 没有共同边界 \end{cases}$$

式(4-10)

2.经济距离矩阵

在这种矩阵形式中,通过对两区域的经济距离进行计算来判断其距离的远近,即计算两地区经济差值倒数绝对值。得到的数值越大,空间经济距离越远。之所以将经济距离作为本书的重要研究内容,其主要原因在于环境保护同经济发展关系密切,经济发展程度会影响到环境规制强度,现有的研究中也经常使用经济距离矩阵对环境规制竞争程度进行检验(罗能生,蒋雨晴,2017;陆凤芝,杨浩昌,2019)。因此,本书选择经济距离矩阵是为了检验经济发展水平相近的地区间的环境规制方面是否存在竞争,具体表达式为 $W_{ij} = 1/\left|\overline{Y}_i - \overline{Y}_j\right|\ (i \neq j),W_{ij} = 0(i = j)$,其中 $\overline{Y}_i$ 为2004—2017年第 i 省的人均GDP。

3.外商投资距离矩阵

外商投资相邻通过计算两地区的外商投资距离判断外商投资距离的远近,具体地计算两地区的外商投资差值倒数的绝对值,数值越大,说明空间外商投资距离越远。选择外商投资距离矩阵是因为当前学者在探讨政府吸引投

资时会将外商投资量当做流动资本的衡量指标(张军等,2007;刘建民和陈霞等,2015;马春文和武赫,2016),因此本书选择外商投资距离矩阵就是希望检验外商投资下水平相近的地区在环境规制政策选择上是否具有竞争性行为。具体表达式为 $W_{ij} = 1/\left|\overline{X}_i - \overline{X}_j\right|$ ($i\neq j$),$W_{ij} = 0$ ($i = j$),其中 $\overline{X}_i$ 为2004—2017年第 i 省的外商投资量。

(三)环境规制竞争类型的时间变化趋势

环境规制在三种矩阵下计算得到的吉尔系数值结果详见表4-4。

表4-4 环境规制全局吉尔系数检测结果

年份	地理邻接矩阵		经济距离矩阵		外商投资距离矩阵	
	Gerry'(I)	p-value*	Gerry'(I)	p-value*	Gerry'(I)	p-value*
2004	0.718	0.081*	0.891	0.254	0.606	0.025**
2005	0.693	0.056*	0.881	0.223	0.584	0.016**
2006	0.683	0.050**	0.865	0.193	0.543	0.009***
2007	0.678	0.039**	0.846	0.145	0.599	0.014**
2008	0.668	0.031**	0.843	0.134	0.615	0.016**
2009	0.675	0.033**	0.833	0.114	0.579	0.008***
2010	0.655	0.024**	0.852	0.141	0.564	0.006***
2011	0.700	0.025**	0.839	0.082*	0.492	0.000***
2012	0.688	0.019**	0.834	0.070*	0.519	0.001***
2013	0.699	0.022**	0.847	0.085	0.529	0.001***
2014	0.716	0.032**	0.853	0.103	0.558	0.002***
2015	0.752	0.059*	0.855	0.116	0.563	0.003***
2016	0.743	0.059*	0.879	0.170	0.661	0.020***
2017	0.859	0.206	0.920	0.275	0.748	0.070*

财政分权体制下地方政府间环境规制竞争及其影响因素研究

　　根据环境规制在地理邻接、经济距离、外商投资距离矩阵下的全局吉尔系数数据可知,环境规制在地理邻接矩阵下的空间相关性不显著,经济距离矩阵下吉尔系数不显著。仅在外商投资距离矩阵下,全局的吉尔系数的空间相关性显著为正,表明外商投资水平相近的地区存在环境规制竞争行为,并且属于"策略模仿"型竞争,结合前文的理论分析以及张文彬(2010)、张华(2016)、邵帅等(2016)、Lipscomb & Mobarak(2017)、黄寿峰(2017)的研究结论,判断这种模仿性竞争属于"竞相向下"的竞争类型。地理相邻地区的环境规制的空间相关性相比于经济距离矩阵和外商投资距离矩阵下的显著性不强,由此表明环境规制竞争实际上主要是经济因素所致,与环境污染或公共物品治理的外部性并不存在明显的相关性,这一研究结果与前文文献综述中环境规制竞争解释动因相互呼应,再次证明本书将财政分权理论作为环境规制竞争问题分析视角的有效性与合理性。

　　为了分析环境规制竞争的时间变化趋势,本书绘制了三种矩阵下环境规制莫兰指数和吉尔系数的时间变化趋势图,详见图4-2和4-3。

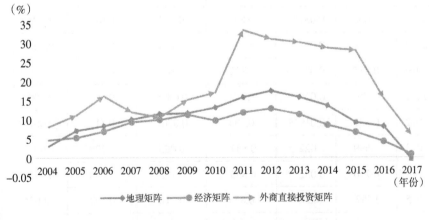

图 4-2　不同矩阵下环境规制莫兰指数变化趋势

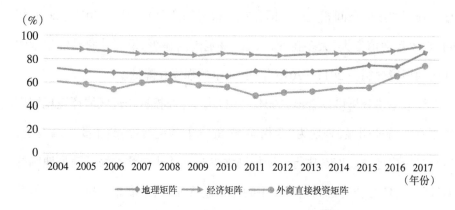

图 4-3　不同矩阵条件下环境规制吉尔系数变化趋势

根据图 4-2、图 4-3 可以看出,地理邻接矩阵下环境规制的莫兰指数和吉尔系数不显著以及经济距离矩阵下的吉尔系数不显著,由此表明经济距离矩阵下环境规制竞争是否存在仍有待商榷。因此本书在相关内容的分析时不做过多介绍,只探讨环境规制在外商投资距离矩阵下的环境规制的莫兰指数和吉尔系数的变化情况。

从莫兰指数看,在外商投资距离矩阵下,检验相近地区环境规制的莫兰指数值在 2004—2011 年间持续处于上升发展趋势,空间相关性在 5% 或 1% 范围内显著,由此表明外商投资相近区域的环境规制显著空间正向相关,地方政府间环境规制竞争明显。莫兰指数值在 2011—2016 年间持续下降,但空间相关性 1% 范围内显著,到达 2017 年以后显著性消失。由此表明,2011—2016 年外商投资相近区域的环境规制表现出明显的竞争策略模仿特征,并于 2017 年消失,转变为独立环境规制实施。

从吉尔系数看,在外商投资距离矩阵下,检验相近地区环境规制空间相关性的吉尔系数值从 2004—2011 年,一直处于下降趋势,而吉尔系数的值越接近 0,代表空间相关性越强,说明外商投资相近的地区在环境规制方面存在强烈的正向空间相关性，即存在着很强的竞争性行为。2011—2016年间，吉尔系数值变大，大多在5%或者1%范围内显著，说明外商投资相近的地区的环境规制在2011—2016年间，竞争的强度在降低。

综合上述分析可以看出，2004—2011年，外商投资相近区域环境规制模仿型竞争特征明显，表现为"竞相向下"的竞争类型特征，其主要原因在于，研究时段内地方政府在执行环境规制水平时，并非单纯地为了满足地区的监管需求，还综合考虑到竞争对手的环境监管强度，采取相机抉择的竞争策略。相互模仿的竞争策略的选择，是出于对辖区的流动性资源的流入考虑而制定的限制性策略。之所以会选择相似的环境规制策略，是因为地方政府考虑到避免辖区内资源向竞争对手区域流动，为竞争对手的晋升提供资源，对自身的政治晋升造成不利影响。据此可以分析出，环境规制政策的实际影响的核心因素在于可流动性资本。地方政府为了更好地吸引资本使其流入而非流出，就会采取环境规制模仿竞争策略，在环境监管强度上同进退。

2012年以后，外商投资距离矩阵下环境规制空间相关性不断减弱，并于2017消失。之所以会出现这一结果，与党的十八大以来国家对生态文明建设做出的战略调整、领导干部综合考评体系的变化和干部奖惩任免依据的变动存在密切关联。由此可见，政绩考核的绿色化能够弱化地方政府环境规制的"竞相向下"竞争，这与张可(2016)的结论相似，也可能与公众环保诉求日益强烈有关，具体原因本书会在后文分析。

(四)环境规制竞争类型的区域异质性

中国幅员辽阔且人口众多，不同区域在资源禀赋、自然风貌、民风民俗等方面存在较大差别。改革开放以后，在非均衡发展战略的影响下，东部地区受到的中央的人事、财政、税收、引进外资等多方面优惠政策的积极推动，率先完成了区域对外开放,取得了发展优势。中西部地区长期处于投入高产出低的尴尬境地,经济发展水平与东部地区存在较大差距,因此有必要围绕不同区域的环境规制竞争类型差异展开深入分析。

本章节采取了与上章节类似的分析方法对区域间环境规制竞争类型差异进行检验,检验结果详见表 4-5、4-6、4-7、4-8、4-9 和 4-10。

表 4-5　东部地区环境规制莫兰指数

年份	地理邻接矩阵	p-value*	经济距离矩阵	p-value*	外商投资距离矩阵	p-value*
2004	−0.252	0.045*	0.031	0.040**	0.139	0.017**
2005	−0.233	0.132	0.049	0.062**	0.184	0.025**
2006	−0.262	0.110	0.086	0.039**	0.230	0.018**
2007	−0.269	0.12	0.061	0.083**	0.174	0.058**
2008	−0.265	0.146	0.025	0.157**	0.114	0.124
2009	−0.273	0.144	0.075	0.088**	0.179	0.074**
2010	−0.286	0.141	0.056	0.127**	0.172	0.091**
2011	−0.369	0.109	0.063	0.168***	0.269	0.073**
2012	−0.347	0.133	0.031	0.225**	0.222	0.107
2013	−0.350	0.134	0.000	0.284***	0.183	0.141
2014	−0.317	0.164	−0.007	0.296***	0.135	0.183
2015	−0.295	0.186	−0.004	0.285**	0.116	0.198
2016	−0.289	0.182	−0.038	0.352*	0.066	0.248
2017	−0.170	0.362	−0.214	0.232*	−0.143	0.427

表 4-6　东部地区环境规制吉尔系数

年份	地理邻接矩阵	p-value*	经济距离矩阵	p-value*	外商投资距离矩阵	p-value*
2004	1.210	0.119	1.104	0.296	0.585	0.081**
2005	1.194	0.146	1.064	0.368	0.542	0.059**
2006	1.222	0.118	1.022	0.454	0.507	0.045**
2007	1.222	0.122	1.027	0.443	0.557	0.062**
2008	1.215	0.133	1.047	0.401	0.613	0.088**
2009	1.225	0.125	0.995	0.490	0.559	0.061**
2010	1.240	0.113	0.998	0.495	0.575	0.066**
2011	1.317	0.069**	0.907	0.303	0.547	0.047**
2012	1.292	0.087**	0.921	0.330	0.595	0.067
2013	1.285	0.094**	0.925	0.338	0.943	0.092
2014	1.243	0.130	0.885	0.261	0.889	0.124
2015	1.217	0.155	0.865	0.226	0.704	0.137
2016	1.200	0.17	0.890	0.271	0.758	0.188
2017	1.017	0.468	1.027	0.442	0.975	0.464

　　由表 4-5 和表 4-6 可知,东部地区地理邻接条件下环境规制的莫兰指数几乎不存在空间相关性,即地理相邻地区基本不存在环境规制竞争。在经济距离矩阵下,环境规制的莫兰指数显著正相关,吉尔系数几乎不存在空间相关性,但是在外商投资距离矩阵下,2004—2011 年环境规制的莫兰指数和吉尔系数存在显著正相关,但是 2012 年以后,环境规制的莫兰指数和吉尔系数的相关性消失。由此可以得出,东部地区在 2004—2011 年环境规制存在竞争,结合前文的理论分析,这种竞争形势属于“竞相向下”,但是 2012 年以后,东部地区的环境规制变为独立规制状态,说明东部地区 2012 年后不倾向于参考相邻地区的环境规制标准制定本行政区的环境规制标准。

表 4-7　中部地区环境规制莫兰指数

年份	地理邻接矩阵	p-value*	经济距离矩阵	p-value*	外商投资距离矩阵	p-value*
2004	−0.167	0.467	−0.220	0.269	−0.121	0.449
2005	−0.033	0.358	−0.256	0.185	0.087	0.095*
2006	−0.052	0.383	−0.262	0.175	0.147	0.051**
2007	−0.032	0.361	−0.274	0.156	0.094	0.095*
2008	−0.036	0.370	−0.272	0.166	0.198	0.034**
2009	0.004	0.330	−0.263	0.190	0.202	0.037**
2010	−0.058	0.396	−0.308	0.106	0.276	0.012**
2011	0.436	0.055**	−0.223	0.290	0.447	0.002***
2012	0.309	0.102	−0.235	0.260	0.416	0.003***
2013	0.272	0.120	−0.266	0.194	0.426	0.003***
2014	0.291	0.105	−0.244	0.235	0.457	0.001***
2015	0.353	0.082*	−0.254	0.221	0.430	0.003***
2016	0.466	0.173	−0.260	0.200	0.287	0.089*
2017	0.299	0.323	−0.265	0.188	0.230	0.091*

表 4-8　中部地区环境规制吉尔系数

年份	地理邻接矩阵	p-value*	经济距离矩阵	p-value*	外商投资距离矩阵	p-value*
2004	0.900	0.362	1.243	0.079*	1.050	0.391
2005	0.807	0.251	1.242	0.076*	0.862	0.224
2006	0.822	0.269	1.254	0.065*	0.810	0.148
2007	0.810	0.258	1.261	0.056*	0.850	0.206
2008	0.826	0.280	1.259	0.052*	0.762	0.097*
2009	0.810	0.266	1.233	0.065*	0.756	0.092*

年份	地理邻接矩阵	p-value*	经济距离矩阵	p-value*	外商投资距离矩阵	p-value*
2010	0.829	0.282	1.297	0.032**	0.692	0.046**
2011	0.444	0.041**	1.030	0.413	0.492	0.003***
2012	0.524	0.066*	1.053	0.354	0.505	0.004***
2013	0.532	0.068*	1.111	0.218	0.517	0.005***
2014	0.498	0.053*	1.103	0.243	0.511	0.004***
2015	0.484	0.051*	1.071	0.308	0.518	0.005***
2016	1.208	0.250	1.180	0.114	1.025	0.447
2017	1.132	0.334	1.139	0.179	0.937	0.366

由表4-7、4-8可知,中部地区的地理邻接矩阵下的环境规制空间相关性水平较弱,外商投资距离矩阵下环境规制具有正向相关性,由此表明中国地区政府间的环境规制同样存在策略模仿性竞争特征,中部地区为了更好地吸引外资,在制定环境规制策略时会同样参照相邻地区的环境规制策略,采取与之相似的环境规制策略,使得整体性环境规制强度趋于同一水平,"竞相向下"竞争形势明显。但在2016年以后,这种竞争形势有所改变,"竞相向下"竞争的情形有着明显的好转,有朝着"竞相向上"竞争发展的趋势。

表4-9 西部地区环境规制莫兰指数

年份	地理邻接矩阵	p-value*	经济距离矩阵	p-value*	外商投资距离矩阵	p-value*
2004	−0.167	0.467	−0.220	0.269**	−0.121	0.449*
2005	−0.033	0.358	−0.256	0.185*	0.087	0.095*
2006	−0.052	0.383	−0.262	0.175**	0.147	0.051**
2007	−0.032	0.361	−0.274	0.156*	0.094	0.095**

续表

年份	地理邻接矩阵	p-value*	经济距离矩阵	p-value*	外商投资距离矩阵	p-value*
2008	−0.036	0.370	−0.272	0.166**	0.198	0.034**
2009	0.004	0.330	−0.263	0.190*	0.202	0.037**
2010	−0.058	0.396	−0.308	0.106**	0.276	0.012**
2011	0.436	0.055*	−0.223	0.290**	0.447	0.002***
2012	0.309	0.102	−0.235	0.260*	0.416	0.003***
2013	0.272	0.120	−0.266	0.194**	0.426	0.003***
2014	0.291	0.105	−0.244	0.235*	0.457	0.001***
2015	0.353	0.082*	−0.254	0.221**	0.430	0.003***
2016	−0.466	0.173	−0.260	0.200**	−0.087	0.389
2017	−0.299	0.323	−0.265	0.188	0.030	0.189

表4-10　西部地区环境规制吉尔系数

年份	地理邻接矩阵	p-value*	经济距离矩阵	p-value*	外商投资距离矩阵	p-value*
2004	−0.185	0.326	−0.220	0.269	1.287	0.120**
2005	−0.198	0.302	−0.256	0.185	1.366	0.067**
2006	−0.135	0.427	−0.262	0.175	1.329	0.087**
2007	−0.151	0.396	−0.274	0.156	1.388	0.053**
2008	−0.107	0.486	−0.272	0.166	1.321	0.088**
2009	−0.089	0.478	−0.263	0.190	1.306	0.098*
2010	−0.047	0.392	−0.308	0.106	1.267	0.134*
2011	0.285	0.022**	−0.223	0.290	1.130	0.294*
2012	0.272	0.028**	−0.235	0.260	1.055	0.408*
2013	0.290	0.023**	−0.266	0.194	1.037	0.438*

財政分权体制下地方政府间环境规制竞争及其影响因素研究

续表

年份	地理邻接矩阵	p-value*	经济距离矩阵	p-value*	外商投资距离矩阵	p-value*
2014	0.350	0.011**	−0.244	0.235	1.005	0.491*
2015	0.378	0.008***	−0.254	0.221	1.024	0.459*
2016	0.075	0.184	−0.260	0.200	1.122	0.304*
2017	−0.023	0.346	−0.265	0.188	1.153	0.258*

由表 4-9、4-10 可知,地理邻接矩阵下西部地区的环境规制竞争并不存在空间相关性,而外商投资距离矩阵的环境规制存在着显著的相关性,也即存在着显著的竞争行为,结合前文的理论分析,西部地区的环境规制竞争类型属于"你低我也低"的"竞相向下"竞争。由此可以说明,在外商投资水平相近的西部地区通常会选择竞相降低环境规制标准的方式吸引流动要素前来本地投资,促进本地区经济发展。

结合上述分析结果可以看出,2004—2017 年,我国环境规制水平整体上朝着日益严格的状态演进。分区域看,依然维持着"东部—中部—西部"的依次递减状态,东部地区日益严格,中部地区严格后放松而后维持常态,西部地区整体略有下降。

关于全国范围内环境规制竞争类型,全国范围内在外商投资距离矩阵下环境规制存在竞争,并且属于策略模型性竞争,更具体地,属于策略模仿性竞争中的"你低我也低"的"竞相向下"竞争,但是这种竞争形式在 2012 年后减弱,甚至消失。全国范围内的环境规制在地理邻接矩阵下环境规制的空间相关性较弱,说明环境规制竞争很大程度上是由引资竞争引起的,与环境公共物品属性的关系不大,也说明了本书引入财政分权理论对环境规制竞争问题进行分析的科学性与有效性。

分区域看,东部地区地理邻近区域环境规制几乎不存在空间相关性,在外商投资距离矩阵下,2004—2011 年,环境规制存在空间相关性,即环境规制存在"竞相向下"竞争,但是 2012 年后,环境规制在外商投资距离矩阵下的空间相关性消失,说明东部地区环境规制由竞争变为独立规制状态,其在环境规制方面已经不参考外商投资水平相邻地区的环境规制水平,由此可以判断,良好的生态环境已经成为其吸引外商投资的手段。

中西部地区的地理邻近区域的环境规制空间相关性较弱,说明地理邻接矩阵下环境规制竞争的关系很弱,但是中部地区和西部地区的环境规制在外商投资距离矩阵下存在显著的正向空间相关性,说明中部地区和西部地区的环境规制在外商投资距离矩阵下存在策略模仿性竞争,并且这种竞争属于"竞相向下"的竞争类型。由此说明中部与西部地区为了更好地吸引流动资本的流入,减少流动资本的流出,在制定环境规制策略时都会倾向参考相邻地区的策略,最终实现环境规制整体水平上趋同。但这种情形自 2016 年开始逐渐减弱,各个地方政府在制定环境规制策略时,虽然会参考相邻地区的竞争策略,但也已经表现出更加明显的自主性和独立性。

第五章
各影响因素对环境规制竞争直接影响的实证分析

在前面章节中,本书以财政分权理论作为研究基础,构建了本书的理论分析框架,通过理论演绎的方式,详细探讨了政府间引资竞争、环保考核与公共环保诉求对环境规制竞争的影响,利用演化博弈方法对上述三种因素共同作用环境规制竞争的影响方法做出研究假设,利用熵值法进行环境规制水平测算,引入莫兰指数、吉尔系数对环境规制竞争的类型进行检验。本章以上述研究成果为基础,引入空间杜宾模型对上述三大影响因素对环境规制竞争的影响进行深入分析,同时检验其影响的区域差异。

本章的逻辑结构安排具体如下:首先,对引资竞争、环保考核与公众环保诉求三个影响要素分别进行科学测量、时间变化趋势描述、区域差异性描述,而后利用莫兰指数和吉尔系数检验三者在地理邻接矩阵、外商投资距离矩阵以及 GDP 增长率矩阵下的空间相关性。其次,进行变量平稳性检验之后,应用空间杜宾模型对三种影响因素对环境规制竞争的影响效应展开实证分析,根据东中西部地区的分布差异,对区域间的影响差异进行研究。最后,运用指标替代法对上述实证检验结果的稳健性进行检验,保证研究结论的科学性与合理性。

一、引资竞争的测量及时空异质性

（一）引资竞争的测量

前文已经提到,流动资本是地方政府"为增长而竞争"的重要因素,因此引资竞争是地方政府"为增长而竞争"的重要形式,目前学术界关于引资竞争的测量主要有三种方式,一种认为外商投资是助推经济增长的引擎之一,也是地方政府引资竞争行为的重要表现,因此利用外资额在一定程度上能够衡量地方政府的引资竞争程度(张军,高远,2007;刘建民和陈霞等,2015;马春文和武赫,2016;陆凤芝和杨浩昌,2019;史贝贝,2019;冯严超和王晓红,2019;孙开,张磊,2020)。一种认为地方政府除了会对辖区流动资本情况给予足够的重视以外,还会对竞争区域流动资本情况给予关注,通过对辖区内外流动资本的对比评估制定有效的环境规制竞争策略。依据两者的差异性表现,对环境规制标准做出加强或放松举措,目的是提升辖区流动资本总量,实现在"晋升锦标赛"中脱颖而出。因此,他们认为地方政府之间的引资竞争是一种策略互动行为,通常选择利用空间计量模型来体现地方政府之间的竞争。一种利用生产性财政支出/财政总支出的比值来作为地方政府竞争的代理变量,理由是加大生产建设性支出能够吸引更多流动资本到本地投资(罗富政和罗能生,2019)。

因为需要用空间计量模型来体现环境规制竞争,所以本书引资竞争参考张军和高远等学者的做法,将外商投资作为衡量引资竞争的基本指标,根据研究的时间节点的汇率水平将美元兑换为人民币。使用外商投资额在地方 GDP 总量中的占比表示引资竞争的激烈程度。该数值越大,竞争越激烈。

(二)引资竞争的时空异质性

为全面把握 2004—2017 年全国及东中西部地区的引资竞争差异,本书将收集得到的数据进行系统性整理后, 绘制如图 5-1 所示的引资竞争变化趋势图。

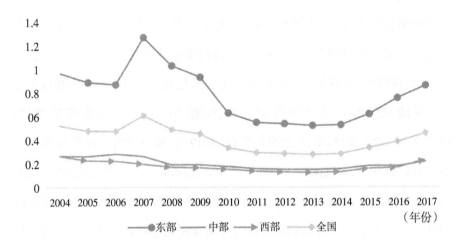

图 5-1　全国及东中西部地区引资竞争变化趋势图

通过图 5-1 可以发现,在研究的时间段内,全国及东中西部地区的引资竞争均表现出明显的波动性下降的趋势,并呈"东部—中部—西部"递减的趋势。在 2008 年以前,地方政府的引资竞争程度逐年越发激烈。这是因为美国在 2008 年爆发了经济危机,中国上至中央政府下至地方政府都采取了众多措施对市场进行强加干预,原本的引资竞争格局被打破,取而代之的是由中央政府对引进资本的统一管理,使得地方政府引资竞争的程度有所降低。经过几年的经济调整以后,2014—2017 年中国的经济开始进入复苏阶段,地方政府与地方政府之间在引资竞争方面继续展开争夺，使得引资竞争程度有所回升，但仍未达到 2004 年的同等水平。2014 年以后，地方政府间的引资竞争程度又开始步入慢慢加强的轨道，这一现象的背后原因在于，从 2013 年以后，中国经济步入新常态发展阶段，经济增速渐缓。在这种情势下，中央政府为了迅速扭转经济下行趋势，采取了一系列降低外国资本进入中国的准入门槛。受此影响，地方政府也表现出更加强烈的引进外资意愿，制定出各种引资竞争策略，围绕着外部资金展开争夺。

为了便于观察 2004—2017 年研究区域内引资竞争的集聚区间，本书专门绘制了引资竞争核密度分布图。

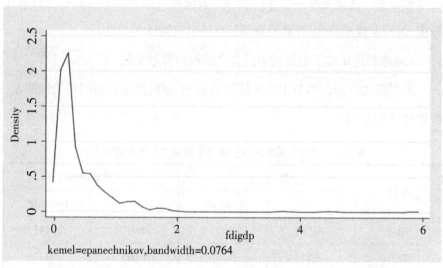

图 5-2　2004—2017 年全国 30 个省引资竞争的核密度分布图

根据图 5-2 可以看出，我国 30 个省份在 2004—2017 年的引资竞争的中心点在正态分布的左侧区间，引资竞争峰值水平不断下降，全国引资竞争不断减弱，这一分析结果与上文结论保持一致。

(三)引资竞争的空间相关性

在完成引资竞争程度测量工作以后，在本章节中重点探讨了引资竞争的空间相关性问题,同样采取的是莫兰指数、吉尔系数等空间相关性分析方法对其进行测定,相关内容前文已有介绍,在此不再赘述。关于空间矩阵的选取,本书选择地理邻接矩阵、外商投资距离矩阵和GDP增长率矩阵进行测量, 选择外商投资距离矩阵是因为需要检验外商投资相似地区在吸引外商投资方面是否存在竞争行为,利用GDP增长率矩阵来检验GDP增长率类似区域在吸引外商投资方面是否具有竞争行为, 以支撑外商投资距离矩阵下的分析结果。选择地理邻接矩阵是因为需要和外商投资距离矩阵进行对比分析,以判定地理邻接、外商投资邻近地区引资竞争差异性。

1.地理邻接矩阵下引资竞争的莫兰指数和吉尔系数

根据前文分析, 本节中主要使用的是 Stata 软件进行空间相关性测量, 所得结果见表 5-1。

表 5-1　地理邻接矩阵下引资竞争的莫兰指数和吉尔系数

年份	莫兰指数		吉尔系数	
	I	p–value*	c	p–value*
2004	−0.087	0.331	0.980	0.443
2005	−0.113	0.256	1.008	0.477
2006	−0.118	0.240	1.019	0.448
2007	−0.062	0.335	0.976	0.457
2008	−0.059	0.363	0.974	0.453
2009	−0.068	0.334	0.980	0.462
2010	−0.156	0.150	1.035	0.408

年份	莫兰指数		吉尔系数	
	I	p-value*	c	p-value*
2011	−0.159	0.134	1.028	0.430
2012	−0.165	0.120	1.028	0.431
2013	−0.167	0.110	1.022	0.448
2014	−0.170	0.098	1.021	0.453
2015	−0.155	0.129	0.993	0.483
2016	−0.150	0.157	1.010	0.474
2017	−0.162	0.142	1.063	0.332

注:本书采用 stata15 整理得出,括号内为 t 值。*p< 0.1**p< 0.05，***p< 0.01。

由表 5-1 所示，地理邻接上引资竞争的莫兰指数和吉尔系数的所有年份都不显著，说明地理邻接地区的引资竞争不具有空间相关性，由此说明了地理相邻区域间对外商投资方面并不具有竞争性，这种现象的出现可能是由于地理相邻区域的经济发展水平未必相同，而一个地区对外商投资的吸引可能更加关注与自身经济发展水平相当的区域的政策制定情况，对地理因素的关注程度不高。

2.外商投资距离矩阵下的引资竞争的莫兰指数和吉尔系数

为了检验一个地区的外商投资吸引政策是否受到与其外商投资水平相近地区的影响,本书利用 Stata 软件检验了外商投资距离矩阵下引资竞争的莫兰指数和吉尔系数,运算结果见表 5-2。

表 5-2 外商投资距离矩阵下引资竞争的莫兰指数和吉尔系数

年份	莫兰指数		吉尔系数	
	I	p-value*	c	p-value*
2004	0.072	0.211	0.815	0.106
2005	0.079	0.094*	0.808	0.100
2006	0.099	0.055**	0.788	0.078*
2007	0.087	0.044**	1.128	0.269
2008	0.095	0.048**	1.107	0.301
2009	0.106	0.050**	1.081	0.342
2010	0.128	0.005***	0.775	0.071*
2011	0.085	0.069*	0.780	0.084*
2012	0.087	0.060*	0.782	0.090*
2013	0.067	0.098*	0.788	0.101
2014	0.056	0.217	0.787	0.106
2015	0.048	0.242	0.795	0.112
2016	0.148	0.075**	0.774	0.075*
2017	0.130	0.105	0.782	0.073*

注:本书采用 stata15 整理得出,括号内为 t 值。*p< 0.1**p< 0.05, ***p< 0.01。

根据表 5-2 所示,外商投资距离矩阵下引资竞争的莫兰指数、吉尔系数在研究的大多数时段内均显著为正, 由此表明在大多数时间内外商投资水平相当的地方政府在进行招商引资策略选择时, 倾向于采取模仿竞争者策略的决策形式。

3.GDP 增长率矩阵下的引资竞争的莫兰指数和吉尔系数

为了更好地论证地方政府引资竞争的内在原因, 笔者又将 GDP 增长率矩阵引入外商投资相关性分析中,用以检验 GDP 增长率相近区域在吸引外商投资上是否具有相关性,详细内容见表 5-3。

表 5-3　GDP 增长率矩阵下引资竞争的莫兰指数和吉尔系数

年份	莫兰指数		吉尔系数	
	I	p-value*	c	p-value*
2004	-0.110	0.171	1.066	0.264
2005	-0.113	0.161	1.058	0.293
2006	-0.091	0.236	1.047	0.328
2007	-0.110	0.042**	1.274	0.072*
2008	-0.124	0.029**	1.281	0.062*
2009	-0.130	0.034**	1.275	0.058*
2010	-0.132	0.104	1.111	0.160
2011	-0.113	0.147	1.079	0.257
2012	-0.118	0.129	1.081	0.258
2013	-0.105	0.162	1.068	0.300
2014	-0.105	0.158	1.062	0.326
2015	-0.113	0.133	1.120	0.187
2016	-0.141	0.080*	1.167	0.077*
2017	-0.143	0.084*	1.146	0.085*

注:本书采用 stata15 整理得出,括号内为 t 值。$*p < 0.1$ $**p < 0.05$,$***p < 0.01$。

根据表 5-3 所示,GDP 增长率矩阵下引资竞争的莫兰指数和吉尔系数大部分年份都不显著,说明 GDP 增长率相近的地方政府不采用相近的政策吸引外商投资,原因可能是 GDP 增长率相似的地区不能代表地区经济发展水平相似。

根据引资竞争在外商投资、GDP 增长率和地理邻接矩阵下的空间相关性检测可以得知,地方政府的引资竞争是主要在外商投资相似的经济体之间展开,而与地理距离的远近关系不大。

二、环保考核测量及时空差异性

(一)环保考核的测量

环保考核指的是中央政府、上级政府对下级政府环境保护绩效的考核而制定的制度,环境保护的相关指标划入政府绩效考核体系当中,为其赋予适当的权重值,根据相关指标的实际数值对地方政府主要负责人进行晋升奖惩考核,从而引导相关人员更好地履行环保职责,确保环境政策的有效落实,是与激励晋升机制相互配合的一种政绩考核制度设计。通过对现有的文献进行系统性梳理后发现,学者们在考察中央环保考核和问责对环境规制竞争影响时,常常将研究内容局限在 2003 年或 2007 年的是时点划分和分阶段实证回归分析上,根据回归得到的环境规制竞争影响系数来反推中央环保考核和问责的作用程度,而非将其当作单独变量纳入研究中对其进行系统性分析。国内外研究学者在环保考核测量方面主要有两种基本研究思路:一是将污染物排放量(率)或减排量(率)作为环保考核水平的衡量指标,污染物排放量高,意味着环保考核强度低。如孙伟增和罗党论(2014)将 PM10、单位 GDP 能源消耗量作为环保考核水平的衡量指标。张彩云(2014)将 SO_2 减排率当作环保考评指标。一般而言,经济增长竞争力强的区域,官员晋升空间大、概率高(蒋德权等,2015);反之,污染物排放量高的区域,官员晋升空间小、概率低(黎文靖和郑曼妮,2016)。二是将环境质量投入水平作为环保考核的评价指标,即投入量越大,环保考核水平越高。在这一研究方面,国外主要从财政支出数量、环保机构从业人数等方面作出评价(Gray,1997;Pearce & Palmer,2001)。国内的张成(2011),沈能(2012)延续了这一思路,将单位污染治理投资作为环保考核力度的评价指标。本书出于对研究数据的可获得性考虑和满足研究问题分析的需要,将 SO_2 减排率当做环保考核指标,同时引入烟粉尘减排率对分析结果进行稳健性检验。[①]

(二)环保考核的时空异质性

为了详细探讨全国及各地区在 2004—2017 年的环保考核差异,本书将收集到的数据进行整理分析,绘制成图 5-3 所示的环保考核趋势图,通过更加直观的形式将区域间的环保考核差异呈现出来。

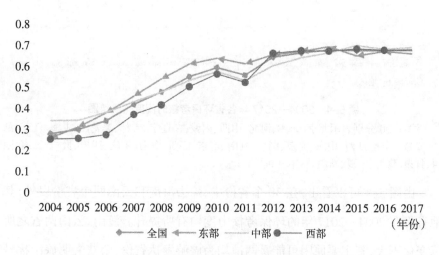

图 5-3　2004—2017 年全国及东中西部地区环保考核趋势图

根据图 5-3 的趋势图可以看出,2004—2017 年全国及各个区域的环保考核均呈现出整体向上的稳步发展的良好趋势。早期,西部地区环保考核力度曲线位于东部和中部环保考核力度曲线之下,到了 2013 年以后,东部、中

_____

① 本书环保考核的具体测量公式= SO_2 处理量/ SO_2 排放量。数据来自 2005 年至 2018 年《中国统计年鉴》。

部和西部的整体考核力度基本持平。笔者推测,这种演进状态与我国生态文明建设的高度重视和环保问责力度的不断加强密切相关。

在上述分析的基础上,为了更加细致地把握各省环保考核力度的发展趋势,笔者又专门绘制了图5-4的30个省份环保考核时间变化趋势图。

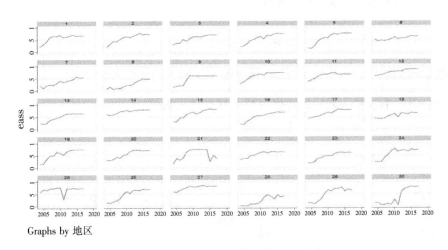

Graphs by 地区

图5-4 2004—2017年各省环保考核时间变化趋势图

注:1-30分别表示北京、天津、河北、山西、内蒙古、辽宁、吉林、黑龙江、上海、江苏、浙江、安徽、福建、江西、山东、河南、湖北、湖南、广东、广西、海南、重庆、四川、贵州、云南、陕西、甘肃、青海、宁夏、新疆。

由图5-4可以看出,在30个省份中,除去海南和云南两个省份以外,其他省份在2004—2017年的环保考核力度均有所提升。海南、云南两省之所以变化不大,其主要原因可能是两地均为旅游发达省份,荣获文明旅游称号的旅游省份一般环境质量水平较高,在环保考核方面可供提升的空间相对有限。上海作为中国的金融中心,其环保考核力度走出了上升、高位持平的趋势,其可能的原因是中央在制定环保考核标准、推进相关措施时,上海能够积极响应,动用各种资源快速达成这一目标,在较短的时间内迅速达到严格执行中央的环保考核力度的效果,使得环保考核水平迅速位于国内省份发展前列。而其他省份在达到上海相当水平所花费的时间要长得多,这是因为其他省份不具备上海一般的经济实力，也由此可以看出上海在很早以前就对区域环境质量给予了足够的重视。新疆在环保考核力度方面上升速度快、幅度大，与该省份二氧化硫处理率的起点处于较低水平密切相关。在面对与中国和发达省份的环境治理方面的差距时，新疆自治区政府为了达到全国平均水平，在研究区段内奋起直追，迎难而上，最终取得了一定的治理成效。

为了更好地考察 2004—2017 年我国 30 个省份环保考核力度的集聚特点，本书专门绘制了图 5-5 的环保考核的核密度分布图。

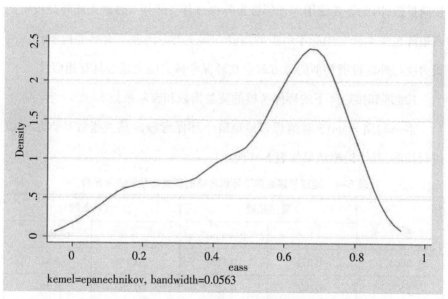

kemel=epanechnikov, bandwidth=0.0563

图 5-5　2004—2017 年各省环保考核的核密度分布图

根据上述 5-5 所示结果可知，中国各个省份在 2004—2017 年间环保考核的中心点位于正态分布右侧，核密度分布图的峰值不断上升，表明全国环保考核力度不断收紧，环保考核持续加强，这一结论与上述分析结果保持一致。

(三)环保考核的空间相关性

在完成环保考核力度测量工作以后,本章重点探讨了环保考核力度的空间相关性问题,同样采取的是莫兰指数、吉尔系数等空间相关性分析方法对其进行测定,相关内容前文已有介绍,在此不再赘述。在空间矩阵方面,主要选择了地理邻接与人均外商投资距离矩阵分别对其进行测量。之所以选择地理邻接矩阵,是因为本书在选取环保考评测量指标时,选择的是二氧化硫去除率。因为二氧化硫具有较强的空间流动性,很容易在临近的地理区域快速扩散,因此需要使用地理邻接矩阵探讨其空间相关性。人均外商投资距离矩阵也是本研究中必不可少的内容,其主要原因在于有必要检验环保考核力度与外商投资类似的地方政府在环保考核力度上是否具有相似性。

1.地理邻接矩阵下的环保考核的莫兰指数和吉尔系数

本书利用 Stata15 对地理邻接矩阵下环保考核的莫兰指数和吉尔系数进行检测,具体检测结果如表 5-4 所示。

表 5-4　地理邻接矩阵下环保考核的莫兰指数和吉尔系数

年份	莫兰指数		吉尔系数	
	I	p-value*	c	p-value*
2004	−0.021	0.455	0.938	0.322
2005	−0.046	0.464	0.968	0.404
2006	0.008	0.365	0.882	0.186
2007	0.018	0.336	0.877	0.179
2008	0.154	0.062*	0.769	0.044**
2009	0.127	0.087*	0.801	0.084*
2010	0.093	0.143	0.783	0.065*
2011	−0.050	0.446	1.035	0.406

年份	莫兰指数		吉尔系数	
	I	p-value*	c	p-value*
2012	0.171	0.038**	0.801	0.096*
2013	0.161	0.051*	0.770	0.054*
2014	0.183	0.030**	0.691	0.021**
2015	0.158	0.046**	0.745	0.051*
2016	0.231	0.013**	0.655	0.007***
2017	0.205	0.023**	0.691	0.015**

注:本书采用 stata15 整理得出,括号内为 t 值。*p< 0.1**p< 0.05 , ***p< 0.01。

由表 5-4 所示,由于二氧化硫具有外溢性,地理邻接上环保考核的莫兰指数和吉尔系数的大部分年份都显著为正,说明环保考核在地理邻接矩阵下具有空间相关性,因此对于地方政府间的环境治理注意联防联控。

2.外商投资距离矩阵下的环保考核的莫兰指数和吉尔系数

本书利用 Stata15 对外商投资距离矩阵下环保考核的莫兰指数和吉尔系数进行检测,具体检测结果如表 5-5 所示。

表 5-5　外商投资距离矩阵下环保考核的莫兰指数和吉尔系数

年份	莫兰指数		吉尔系数	
	I	p-value*	c	p-value*
2004	0.038	0.297	0.966	0.405
2005	0.117	0.133	0.834	0.122
2006	0.159	0.078*	0.821	0.103
2007	0.066	0.230	0.891	0.222
2008	0.037	0.299	0.958	0.385
2009	0.032	0.305	0.990	0.474

年份	莫兰指数		吉尔系数	
	I	p–value*	c	p–value*
2010	0.082	0.189	0.967	0.414
2011	−0.062	0.415	1.001	0.498
2012	0.104	0.139	0.848	0.164
2013	0.129	0.107	0.881	0.212
2014	0.150	0.074*	0.942	0.354
2015	0.203	0.030**	0.906	0.275
2016	0.274	0.010**	0.796	0.084*
2017	0.260	0.013**	0.825	0.118

注:本书采用 stata15 整理得出,括号内为 t 值。*$p < 0.1$**$p < 0.05$,***$p < 0.01$。

根据表 5–5,外商投资距离矩阵下两种分析方法得到的结果均显著为正,由此表明外商投资距离矩阵下的环保考核具有空间相关性,外商投资相近的地区在二氧化硫去除率的表现上密切相关,也即外商投资水平类似的区域在环境治理方面具有明显的空间相关性特征。这一结论与第 4 章的检测结果高度一致,表明本书设计和分析的科学合理性。

三、公众环保诉求的测量及时空差异性

(一)公众环保诉求的测量

公众环保诉求反映的是公众的主观意愿与诉求,具有十分明显的主观色彩,难以通过某个单一的客观指标对其进行量化评估或准确分析。现有的研究也是尽量寻求能够更加全面反映公众环保诉求意愿的替代性指标对其进行近似评价。李永友和沈坤荣(2008)将环境问题发生后公众的上访次数作为替代指标进行统计分析。于文超等(2014)选取信访次数、政协提案次数等五个指标作为公众环保诉求的替代指标,对公众环保诉求情形进行综合评价。因此,本书在公众环保诉求的衡量时,以于文超等(2014)研究为主要参考,通过对《中国环境年鉴》中的相关数据进行收集、整理、分析后,构建了以环境承办人大建议数为主的四个指标体系,将2017年缺失数据采用线性插值法进行估测,最后利用熵值法计算得到公众环保诉求指标。测量步骤及计算方法详见第4章,在此不再详述。

(二)公众环保诉求的时空异质性

为了详细探讨全国及各地区在2004—2017年公众环保诉求差异,笔者将收集到的数据进行整理分析,绘制成图5-6所示的公众环保诉求变化趋势图,通过更加直观的形式将公众环保诉求区域差异呈现出来。

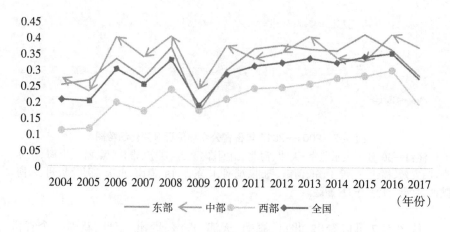

图5-6　2004—2017年全国及东中西公众环保诉求趋势图

财政分权体制下地方政府间环境规制竞争及其影响因素研究

根据图 5-6 的趋势图可以看出,2004—2017 年全国及各个区域的公众环保诉求均呈现出整体向上的良好趋势,且"东部—中部—西部"依次递减,存在明显的区域差异。

在上述分析的基础上,为了更加细致地把握各省公众环保诉求力度的发展趋势,笔者又专门绘制了图 5-7 的 30 个省份公众环保诉求时间变化趋势图。

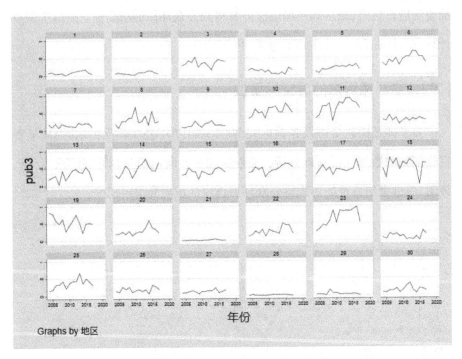

图 5-7　2004—2017 年各省公众环保诉求变化趋势图

注:1—30 分别表示北京、天津、河北、山西、内蒙古、辽宁、吉林、黑龙江、上海、江苏、浙江、安徽、福建、江西、山东、河南、湖北、湖南、广东、广西、海南、重庆、四川、贵州、云南、陕西、甘肃、青海、宁夏、新疆。

从图 5-7 可以看出,北京、海南、天津、青海、贵州、宁夏、新疆七个省份的公众环保诉求位于较低水平, 这一结果也印证了前文提到的环境质量好的区域的公众环境质量满意度高的结论。在环境质量表现相对较好的地区,公众具有较高的环境质量满意度,自发性的提出工作环保诉求意愿低。与之相对应的,上海、四川、广东、江苏、广西、辽宁六个省份的公众环保诉求高,其主要原因在于这类省份地区经济发展水平较高,公众对环境质量比较敏感,也提出较高的环境质量要求。同时,市民和居民普遍受教育程度较高,更倾向于向政府表达自身的环保诉求,环保诉求度高。

(三)公众环保诉求的空间相关性

完成上述分析以后,本书对公众环保诉求的空间相关性存在与否进行深入探讨。在选择空间矩阵时,同样选择的是地理邻接与外商投资距离矩阵。原因是地理邻近区域的公众存在明显的群体影响效应,一旦本地区发现邻近地区有公众通过信访的方式表达了自身的环境诉求,并取得一定预期成效后,辖区居民受此影响会有很大概率采取与之类似的做法。选择外商投资距离矩阵,是因为有必要就财政分权体制下外商投资水平相当区域的环境规制程度的相关性进行深入分析,进而影响到其各自地区的环境质量,再进而使地区的公众环保诉求受到影响。

1.地理邻接矩阵下的公众环保诉求的莫兰指数和吉尔系数

本书利用 Stata15 对地理邻接矩阵下公众环保诉求的莫兰指数和吉尔系数进行检测,检测结果如表 5-6。

表 5-6　地理邻接矩阵下公众环保诉求的莫兰指数和吉尔系数

年份	莫兰指数		吉尔系数	
	I	p-value*	c	p-value*
2004	0.165	0.054*	0.816	0.078*
2005	0.054	0.237	0.846	0.125
2006	-0.048	0.457	0.996	0.488

年份	莫兰指数		吉尔系数	
	I	p-value*	c	p-value*
2007	−0.013	0.430	1.025	0.425
2008	−0.064	0.406	1.062	0.320
2009	0.081	0.177	0.886	0.192
2010	0.058	0.227	0.911	0.251
2011	0.068	0.204	0.842	0.112
2012	−0.060	0.405	0.882	0.247
2013	0.100	0.139	0.896	0.215
2014	0.189	0.036**	0.826	0.090*
2015	0.191	0.035**	0.759	0.033**
2016	0.227	0.012**	0.769	0.065*
2017	0.157	0.044**	0.836	0.153

注:本书采用stata15整理得出,括号内为t值。*$p < 0.1$**$p < 0.05$, ***$p < 0.01$。

由表5-6所示,地理邻接上公众环保诉求的莫兰指数和吉尔系数的大部分年份不显著,说明公众环保诉求在地理邻接矩阵下空间相关性较弱,地理位置相邻的地区的公众在对环境信访问题上不存在互动行为,地理位置对公众环保诉求影响不大。

2.外商投资距离矩阵下的公众环保诉求的莫兰指数和吉尔系数

本书利用Stata15对外商投资距离矩阵下公众环保诉求的莫兰指数和吉尔系数进行检测,具体检测结果如表5-7所示。

表 5-7 外商投资距离矩阵下公众环保诉求的莫兰指数和吉尔系数

年份	莫兰指数		吉尔系数	
	I	p-value*	c	p-value*
2004	0.303	0.007***	0.746	0.035*
2005	0.102	0.157	0.916	0.279
2006	0.076	0.210	0.897	0.232
2007	0.071	0.218	0.913	0.270
2008	0.126	0.121	0.885	0.208
2009	0.205	0.040**	0.778	0.057*
2010	0.194	0.047**	0.790	0.070*
2011	0.078	0.207	0.908	0.257
2012	0.066	0.194	0.883	0.245
2013	0.123	0.125	0.893	0.225
2014	0.305	0.007***	0.713	0.020**
2015	0.230	0.027**	0.790	0.068*
2016	0.167	0.058*	0.802	0.101
2017	0.187	0.037**	0.787	0.092*

注:本书采用 stata15 整理得出,括号内为 t 值。*p< 0.1**p< 0.05, ***p< 0.01。

由表 5-7 所示,外商投资距离矩阵下的公众环保诉求的莫兰指数和吉尔系数显著为正,证实了外商投资距离矩阵下公众环保诉求空间相关性的存在,表明外商投资相近区域环境质量存在显著相关性。

四、地方政府环境规制竞争影响因素的实证分析

(一)空间模型的设定

空间计量经济学与传统计量经济学的显著差别在于，它充分考虑到各个变量之间的相互依赖关系,摆脱了观测变量相互独立的假设限制。上文分别验证了地方政府环境规制、引资竞争、环保考核以及公众环保诉求的空间相关性,肯定了相关观测变量的相互依赖和作用关系,因此选择空间计量法来检验三种影响因素对环境规制竞争的影响是合适的。从目前来看,空间计量模型主要包括以下四种:

1.空间滞后模型(SLM)

SLM 是构建空间相关关系分析的基本模型之一，通常可以用来准确分析空间相邻变量在不同空间位置时的变化关系，能够更好地解释空间溢出效应下被解释变量存在的空间依赖问题。其中的系数用来反映解释变量与被解释变量之间的作用关系,结合空间权重矩阵 W,引入被解释变量 Y 的空间滞后项 Wy,其模型的表达式为:

$$Y = \rho Wy + X\beta + \varepsilon$$

式(5-1)

2.空间误差模型(SEM)

SEM 是空间相关关系的重要研究模型之一，但与 SLM 模型有所不同。SEM 模型重点关注的是空间分析中各误差项的空间依赖问题，而 SLM 模型重点关注的是解释与被解释变量之间存在的空间效应。SEM 通过引入 $\varepsilon = \lambda W\varepsilon + \varepsilon$ 的方式,有效排除因测量误差所引发的模型不稳健问题。其中,

ε 表示空间误差项 μ 的随机扰动项。计算公式如下：

$$Y = X\beta + \mu, \mu = \lambda M\mu + \varepsilon$$

式(5-2)

3.广义空间自回归模型(SAC)

在进行空间相关性分析时，被解释变量可能会同时存在空间滞后与空间误差相关,SLM 和 SEM 将两者分割开来进行分析,无法同时兼顾两种误差,会造成分析结果的不全面和模型系数的偏差。一些学者对模型改进优化后,将空间滞后与空间误差模型结合起来,构建了 SAC 模型对估计系数进行综合性估计,其计算方式见下式(5-3)。其中 W_1 和 W_2 分别表示对应被解释变量和空间误差项的权重矩阵。

$$Y = \rho W_1 Y + X\beta + \mu, \ \mu = yW_2\mu + \varepsilon$$

$$\varepsilon \sim (0, \sigma^2 In)$$

式(5-3)

根据式(5-3)的运算逻辑可以看出,该模型同时兼顾两个空间权重矩阵,但两者之间无法使用简单的相互替代方式来简化运算,这是因为矩阵相互替代以后可能会造成模型估计参数无法通过显著性检验, 检验测定的结果只能对被解释变量在特定的空间矩阵的空间关系作出解释,而无法涵盖其他矩阵中同样存在的其他类型的空间关系。

通过对上述三种模型归纳分析后可以看出,空间滞后模型考虑被解释变量的空间相关性,空间误差模型考虑误差项的空间相关性,广义自回归模型则兼顾上述两种分析模型内容。但即使如此,上述三种模型的研究主要涉及被解释变量及其空间依赖关系,而忽略了解释变量空间相关性的存在。实际的研究发现,解释变量存在空间相关性已成为不争的事实。基于此,学术界又开始将空间杜宾模型引入到解释变量空间关系的分析中, 完善了整个分析体系工作。

4.空间杜宾模型(SDM)

空间杜宾模型同时兼顾被解释变量与解释变量的空间滞后项，相比于SEM 和 SLM 模型,SDM 模型的应用覆盖面更为广泛，其表达式详见式（5-4）。在这一模型分析中,ρ 为核心观测值,用于反映策略互动关系是否存在。正负性分别代表了策略互动主体在策略互动过程中采取的是模仿还是差异化互动形式。

$$Y = \rho WY + X\beta + WX\theta + \varepsilon$$

式(5-4)

式(5-4)中的 X、Y 分别代表的是解释和被解释变量,W 同上,ρ 和 θ 分别代表的是被解释和解释变量空间依赖度,ε 代表的是扰动项,Wy、Wx 分别代表的是被解释变量、解释变量的空间滞后。

综合上述分析可以看出,SDM 模型的显著优势在于它能够妥善地解决解释变量与被解释变量空间相关性、误差项内生性以及误差项自相关的问题,集合了 SLM、SEM、SAC 等三种模型的优势,适用于上述三种模型的空间观测值均可由 SDM 模型获得无偏参数估计。考虑到本书的实际研究内容,为验证上文的三个假说,以 Renard&Xiong(2012)、邓明(2014)等研究成果为参照,将引入交叉项的思路沿用在本书的分析中,在式(5-4)的基础上将上述三个解释变量与环境规制空间滞后项的交叉项代入其中，构建空间杜宾模型：

$$er_{it} = a + \rho_1 Wer_{it} + r_1 ecom_{it} Wer_{it} + r_2 eass Wer_{it} + r_3 pub Wer_{it} + \theta_1 Z_{it} + \theta_2 WZ_{it} + u_i + \tau_t + \varepsilon_{it}$$

式(5-5)

其中 ρ_1 为本地或相邻地区的环境规制对竞争地区(即相邻地区与本地)

的影响程度，θ_1、θ_2 分别代表的是本地区控制变量、相邻地区控制变量对本地区环境规制水平造成的影响程度，γ_1、γ_2、γ_3 分别代表引资竞争、环保考核、公众环保诉求三个影响因素对环境规制竞争造成的影响程度。W 为地区相互关系的空间权重矩阵，u_i、τ_t 分别为个体固定和时间固定，为扰动项。

(二)变量选取和数据来源

因变量：环境规制竞争，用 er 表示，通过熵值法测定。

自变量：①引资竞争 ecom，使用各省外商投资/GDP 总量测量，测量方式前文已有叙述，不再赘述。

②环保考核 eass，使用二氧化硫去除率替代衡量，测量方式前文已有叙述，不再赘述。

③公众环保诉求 pub，选择人大建议数、承办的政协提案数、来访总人数和来访总批次四个数据，通过熵值法测量得到综合评价指数，测量方式前文已有叙述，不再赘述。

控制变量：本书在选择控制变量时，充分参考了杨海生(2008)、张文彬等(2010)、李胜兰等(2014)、张彩云(2018)等学者的研究成果，将人均收入、财力与支出责任不匹配度、产业结构、技术水平、人口密度、失业率等当作控制变量。

人均收入 rgdp，为 GDP 总量/年末人口总数的对数值。依据前文分析可知，学术界在探讨经济发展与环境质量两者的关系时，主要使用的是库兹涅茨曲线(EKC)，用于反映在不同经济发展阶段经济发展与环境污染之间的关系。据此可以推测出在不同经济发展阶段，不同地区的发展水平会显著地影响到所在区域的环境质量水平。环境质量水平的改变又会必然对环境规制水平造成影响。例如经济发达地区可以通过优化公共服务供给，为本地营造出良好的环境氛围,实现更高水平的融资。

财力与支出责任不匹配度 fdmatch,使用财政支收差额在财政收入中的占比予以衡量。1994 年中国正式推出分税制改革,形成了中央和地方之间的财权上移和支出责任下放的新型格局,使得地方政府在财力和事权上不匹配,尽管地方政府的财政收入占比有了明显的提升,发展经济的积极性得到了进一步释放,但权责的不匹配使得地方政府的财政存在较大的缺口,并随着"营改增"改革的推进,地方政府的财政压力"有增无减"。结合前文的研究分析可知,财力与支出责任的匹配程度也会对环境规制水平产生显著影响。

产业结构水平 stru,通过各省第二产业增加值/GDP 总量求得。第二产业增加值水平的高低对地区经济发展产生深刻影响,而且第二产业中涵盖了众多高能耗和高污染性质的企业,这类企业进入到特定的区域以后,会显著地提升当地的污染水平。地方政府为了吸引外资,在第二产业的政策约束上会有所松动,也必然会放松环境规制。

技术水平 rtec 表示,使用省人均专利授权量取对数得到。人均专利授权量越多,代表地区技术创新水平越高,较高的技术创新水平会带来技术能力的大幅提升,将其应用在环境治理过程中有助于提升环境治理成效,提高整体环境规制水平。

人口密度 density,以各地区年末人口总数与辖区面积比值取对数进行衡量。一般而言,在人口相对较集中的区域,在环境规制政策的制定时,地方政府会有意识地强化经济增长目标,以达到缓解人口压力的目的。在经济增长目标的驱动下,省内地区的地方政府通常会放松环境规制,降低环境规制标准,使得地区的环境规制水平相对较低。

失业率 unemploy,用城镇人口登记失业率表示。失业状况堪忧的地区,地方政府很可能会屈从经济增长目标以缓解就业压力,从而制定出更加宽松的环境规制政策。

为了防止在运算中出现异方差，本书在实证分析中将数值超过 1 的变量均进行取对数处理。计算中使用到的各项数据分别来源于《中国环境统计年鉴》《中国统计年鉴》和《中国环境年鉴》。

为验证变量选择的合理性和变量间是否存在多重共线性，本书利用 Pearson 相关检验各变量相关关系,检验结果详见下表 5-8。Pearson 检验的分析结果由系数 r 表示,其取值范围为-1 到 1。r 数值为正表明变量正相关,数值为负表明变量负相关。数值绝对值大小反映了变量相关性的强弱程度,其中,|r|在[0.3,0.5]区间时,变量弱相关;|r|在[0.5,0.8]区间时,变量低相关;|r|在[0.8,1)区间时,变量高度相关;|r|=1 时,bi 变量完全线性相关。

表 5-8　各变量的相关性分析

	er	fdigdp	pub	eass	lnrgdp	fdgap	stru	rtec	density	unemploy
er	1									
fdigdp	-0.3811	1								
pub	0.0098	-0.1118	1							
eass	0.2501	-0.0730	0.2183	1						
lnrgdp	-0.1458	0.2064	0.1562	0.4795	1					
fdmatch	-0.2473	0.4694	0.2155	0.1421	0.5288	1				
stru	-0.6339	-0.2754	0.2293	-0.1438	-0.1118	-0.0389	1			
rtec	0.3798	0.2783	0.2352	0.3176	0.6876	0.6124	-0.2760	1		
density	0.3584	0.4256	0.2538	0.2545	0.3573	0.7689	-0.1349	0.4943	1	
unemploy	-0.4919	-0.0855	0.0273	-0.3701	-0.4380	-0.3110	0.3393	-0.4247	-0.1862	1

从表 5-8 可以看出，样本数据的控制变量和主要变量的相关系数绝对值都较小，大部分小于 0.5，这意味着各个省份间的控制变量不存在多重共线性。比较而言,人均收入与技术创新的相关系数稍微高于 0.5,在考虑到本

书在进行分析时主要采取的是大样本的回归,略微超出临界值,并不会对实际分析结果产生显著影响,共线性问题并不突出,可以对上述样本数据执行面板回归分析。

(三)单位根检验

在回归分析之前,必须对面板数据和相关变量进行单位根检验,以确定变量的平稳性。单位根检验方法众多,常见的有 IPS 检验法、PP 检验法、HT 检验法、LLC 检验法,本书在研究中充分参考了黄智淋等(2014)的研究法,采取 LLC 检验法与 IPS 检验法分别进行相同条件和不同条件下的变量平稳性检验。在具体检验时,先进行各个变量单位根检验,得到检验统计量 n 个及其 P 值,将 P 值综合构建 LLC 与 IPS 统计量。单位根检验结果详见下表5-9。根据表中所示的结论可以验证该变量的平稳性,以判定是否达到研究要求。根据表 5-9 给出的结论可以看出,第 1 列的 10 个变量 LLC 检验、IPS检验均在 10%、5% 和 1% 水平上通过显著性检验,且均为负值,得到的结论均平稳,能够充分满足本书的研究需要。这也表明,研究中所选取的变量、收集到数据能够达到实际研究分析的要求,可供于后续回归分析。

表 5-9　各变量的单位根检验结果

变量名称	LLC 检验	IPS 检验	结论
er	−10.3121***	−11.9400***	平稳
fdigdp	−1.5008*	−4.9663***	平稳
eass	−14.0066***	−2.7064**	平稳
fdmatch	−2.3578*	−5.2947***	平稳
lnrgdp	−17.1035***	−3.7861**	平稳
density	−2.8255***	−1.8756**	平稳

变量名称	LLC 检验	IPS 检验	结论
rtec	−1.9875**	−6.9642***	平稳
unemploy	−16.5231***	−5.3124**	平稳
stru	−2.6953***	−1.2106*	平稳
pub	−17.0603***	−9.8721**	平稳

注:*、**、*** 分别代表在 10%、5% 和 1% 水平上显著。

(四)空间权重的选取

空间权重矩阵采用外商投资距离矩阵。前文的分析中指出,邻近区域的地方政府在环境治理方面虽然会出现"搭便车"行为,但并不会必然导致环境规制竞争的出现。真正显著影响环境规制竞争的因素是经济因素。在上述章节中选取三种矩阵作为约束条件,分别探讨不同矩阵条件下环境规制空间相关性,结果发现外商投资距离矩阵对应的莫兰指数显著性最强、数值最大。基于此,本书选择外商投资距离矩阵作为环境规制竞争的影响因素。

外商投资距离矩阵选择两地区外商投资差值倒数绝对值衡量,该数值越大,外商投资的空间距离越远。表达式为 $W_{ij} = 1/\left|\bar{X}_i - \bar{X}_j\right|$ $(i \neq j)$,$W_{ij} = 0$ $(i = j)$,其中 $\bar{X}_i$ 为 2004—2017 年第 i 省的外商投资量。

(五)实证检验和结果分析

1.变量的描述性统计

为了便于全面了解变量的描述信息,本章节对各个变量的数据进行统计性描述分析,所得结果详见表 5-10。

表 5-10　全国范围内变量的描述性统计

变量字符	变量含义	观测量	平均值	标准差	最小值	最大值
er	环境规制	420	0.255	0.155	0.031	0.891
fdigdp	引资竞争	420	0.404	0.515	0.048	5.849
pub	公众环保诉求	420	0.293	0.22	0	0.963
eass	环保考核	420	0.542	0.209	0.006	0.874
lnrgdp	经济发展水平	420	10.304	0.674	8.37	11.768
fdmatch	财力与支出责任不匹配度	420	0.524	0.197	0.148	1.042
stru	产业结构	420	0.466	0.08	0.19	0.6
rtec	技术创新水平	420	5.7	8.422	0.13	49.262
density	人口密度	420	5.412	1.269	1.89	8.256
unemploy	失业率	420	3.547	0.68	1.21	6.5

通过变量的描述性统计可以看出,环境规制、引资竞争、环保考核、技术创新水平的最大值与最小值差别较大，环境规制的最大值是最小值的 28.7 倍,引资竞争的最大值是最小值的 121.8 倍,环保考核的最大值是最小值的 145.6 倍,技术创新水平的最大值是最小值的 378.9 倍。从标准差看,技术创新水平的离散程度最大,其他变量的离散程度相对较小。

2.空间面板的模型选择

本书在利用空间杜宾模型回归之前，首先利用豪斯曼检验选择固定效应模型还是随机效应模型。豪斯曼检测结果显示,chi2 值为 -13.22<0,拒绝随机效应的假设,检测结果显示应该选择固定效应模型,通过 Wald 检验,Wald 检验值为 47.89,P 值为 0.000，必须拒绝空间杜宾模型能简化为空间滞后模型和空间误差模型的原假设,利用 LR 检验空间杜宾模型是否会退化成空间误差模型或空间滞后模型,结果显示 P 值为 0.000,都在 1% 水平上显著,拒

绝原假设,因此应使用 SDM 模型,在检验模型使用时间固定效应、个体固定效应还是时间地区双固定效应模型时, 结果显示应使用时间地区双固定效应模型。具体回归结果如表 5-11 所示。

表 5-11　全国层面影响因素对环境规制竞争空间杜宾模型回归结果

er	Coef.	Std.Err.	P>z
fdigdp·Wer	0.006	0.012	0.0624**
pub·Wer	−0.088	0.042	0.0361**
eass·Wer	−0.023	0.043	0.0587*
rtec	0.011	0.001	0.000***
fdmatch	−0.258	0.080	0.001***
stru	−0.628	0.100	0.000***
lnrgdp	−0.040	0.017	0.023**
unemploy	−0.035	0.020	0.079*
density	−0.077	0.034	0.022**
cons	0.683	0.314	0.030**

　　注:*、**、*** 分别代表在 10%、5%和 1%水平上显著。fdigdp·Wer,eass·Wer ,pub·Wer 分别表示引资竞争、环保考核和公众环保诉求与空间滞后因子的交叉项。

　　根据表 5-11 所示,从全国范围来看,外商投资水平相近的地区,引资竞争与环境规制空间滞后因子的交叉项系数在 5%水平下显著为正,说明引资竞争加剧了地方政府环境规制的模仿性竞争,强化了“竞相向下”竞争行为,从而验证了假设 1。究其原因,地方政府可以逐步掌握对财政收支的剩余控制权,因此财政分权的实施进一步加剧了地方政府的竞争。1994 年分税制改革的顺利推进,进一步强化了地方政府的实际支出责任。在“财权上移,事权下放”的大背景下,地方政府的财力缺口不断扩大,迫切需要吸引更多的流动性资源增加地方财力。在吸引流动性资源流入过程中,地方政府最直接的手段就是降低环境规制水平，由此造成的是地方政府在环境规制方面很容易会陷入"竞相向下"的恶性竞争循环。

根据分析结果可以看出，环保考核与环境规制空间滞后因子交叉项系数通过10%的显著性检验，且显著负相关，由此表明环保考核指标能够引发地方政府环境治理的差异化竞争，使环境规制"竞相向下"的问题有所缓解，假设2得到验证。这也表明财政分权的政治集权属性引发了地方政府的"政治锦标赛"，进而对政府间的环境规制竞争行为产生显著影响。换而言之，如果政绩考核指标对环境给予足够的重视，将会引导"竞争效应"朝着环境规制的有利方向发展。前文研究已经表明，中央政府不断提高污染物减排要求，有效地改善了环境规制"竞相向下"的现状，更为严格的污染物减排要求的出台有助于实现"竞相向上"[①]的目标。由此表明，中央在环保考核和环保问责方面具有一定的必要性。因此，在设计政绩考核指标时，要严格环境质量标准，提高地方政府对环境保护的重视程度，力争使地方政府间形成"为环保而竞争"的竞争局面。公众环保诉求与环境规制空间滞后因子的交叉项的估计系数在10%的水平范围内通过了显著性检验，两者显著负相关，由此表明公众环保诉求的提高有助于遏制环境规制"竞相向下"的竞争发展趋势，在环境保护事务中社会公众所起到的作用较为突出，假设3得到了验证。这也表明，当前政府在环境治理方面逐渐朝着"政府—市场—社会"新型的多元共治治理体系的转变，与《环境保护法》修订并实施的初衷高度契合，也凸显了《环境保护法》中"公众参与和信息公开"独立成章的内在价值。

在控制变量方面，技术创新的总效应正向影响环境规制水平，且在1%水平上通过显著性检验。由此表明技术创新具有明显的环境规制外溢效应，

---

① 实证结果为"模仿性竞争"，但是结合理论部分论述，理论上会出现"竞相向上"的现象，这一结果也可理解为，弱化"竞相到下"，强化"竞相向上"。

在全国范围内营造良好的技术创新氛围,提高技术创新水平,能够显著地改善环境规制效率,进而提升环境治理工作的整体水平。

人均 GDP 总效应负向影响环境规制水平,且在 5%水平上通过显著性检验。之所以出现这一现象,是因为外商投资水平相当的地区为了更好地发展经济,本地政府倾向于选择降低环境规制水平等方式吸引外资前来投资,相邻地区受此影响也会选择与之相类似的环境规制竞争策略,争相降低环境规制水平,很容易造成区域间环境规制水平的整体下降。

失业率与环境规制负相关,且在 10%水平上通过显著性检验,由此可见,失业人员的就业压力确实能够影响地区的环境规制水平。

财力与支出责任不匹配度与环境规制负相关,且在 10%水平上通过显著性检验,由此表明在当前的财政分权制度下,地方政府的财力与支出责任的不匹配会引发地方环境规制水平的下降。这一结果也表明,地方政府当前的财力缺口较大,没有动力和能力将更多的资金投入的污染防治和环境治理领域。为了缩小财政缺口,地方政府迫不得已采取降低环境规制标准的手段吸引外商投资,这就能够很好地解释招商引资水平高的地区往往伴随着排污税减少征收的策略。

产业结构与环境规制显著负相关,且在 1%水平上通过显著性检验,由此表明随着第二产业比重的不断提高,环境规制水平会不断下降。即地方政府在加强第二产业发展时,势必会引入一些重污染、高能耗的企业,对这类企业的管理上的放松,必然会降低环境规制水平,导致环境污染问题加剧。

(六)东、中、西区域差异比较

在前文分析中发现,全国及东、中、西部地区的环境规制、引资竞争、环保考核、公众环保诉求之间存在显著差异,因此需要对全国总体数据分析以后,重点探讨各种影响因素对环境规制竞争影响的区域异质性,所得结论能够更好地为针对性对策建议的提出提供理论参考。

1.东中西区域变量描述性统计

本书利用 Stata 软件对各个地区的关键变量分别进行描述性统计分析,分析结果详见表 5-12、5-13 和 5-14。

表 5-12　东部地区变量的描述性统计

变量字符	变量含义	观测量	平均值	标准差	最小值	最大值
er	环境规制	154	0.318	0.213	0.077	0.891
fdigdp	引资竞争	154	0.785	0.693	0.116	5.849
eass	环保考核	154	0.562	0.169	0.136	0.828
pub	公众环保诉求	154	0.326	0.238	0.003	0.921
lnrgdp	经济发展水平	154	10.736	0.576	9.217	11.768
stru	产业结构	154	0.451	0.108	0.19	0.578
rtec	技术创新水平	154	11.351	11.51	0.242	49.262
fdmatch	财力与支出责任不匹配度	154	0.73	0.153	0.405	1.042
density	人口密度	154	6.409	0.734	5.382	8.256
unemploy	失业率	154	3.275	0.835	1.21	6.5

由表 5-12 可知,东部地区的环境规制、引资竞争、环保考核、技术创新水平的最大值和最小值的比值分别为 11.55、10.4、307 和 205,变量间存在较大差异。观察各个变量的标准差分布可以看出,技术创新水平标准差最大,离散程度较高,而其他变量离散程度较低。由此表明,东部地区除了技术创新水平、环保考核、引资竞争和环境规制具有较大的差异以外,其他的如产业结构、公众环保诉求之类的指标差异较小。

表 5-13　中部地区变量的描述性统计

变量字符	变量含义	观测量	平均值	标准差	最小值	最大值
er	环境规制	112	0.23	0.063	0.092	0.35
fdigdp	引资竞争	112	0.199	0.093	0.092	0.574
eass	环保考核	112	0.546	0.214	0.052	0.874
pub3	公众环保诉求	112	0.349	0.194	0.013	0.782
lnrgdp	经济发展水平	112	10.109	0.535	8.958	11.004
stru	产业结构	112	0.487	0.062	0.255	0.6
rtec	技术创新水平	112	2.693	2.364	0.258	9.842
fdmatch	财力与支出责任不匹配度	112	0.442	0.065	0.268	0.637
density	人口密度	112	5.516	0.573	4.253	6.366
unemploy	失业率	112	3.702	0.5	2.41	4.5

　　由表 5-13 可知,中部地区的环境规制、引资竞争、环保考核、技术创新水平的最大值和最小值的比值分别为 3.8、5.8、15 和 7,变量间存在较大差异,其他的如失业率、产业结构、人均 GDP 等最大最小值比值较小,变量间差异较小。由此表明,中部地区除了环保考核与公众环保诉求两个变量以外,其他变量之间都相对平衡。

表 5-14　西部地区变量的描述性统计

变量字符	变量含义	观测量	平均值	标准差	最小值	最大值
er	环境规制	154	0.209	0.106	0.031	0.403
fdigdp	引资竞争	154	0.174	0.105	0.048	0.731
eass	环保考核	154	0.519	0.24	0.006	0.85
pub3	公众环保诉求	154	0.219	0.2	0	0.963
lnrgdp	经济发展水平	154	10.014	0.634	8.37	11.184

变量字符	变量含义	观测量	平均值	标准差	最小值	最大值
stru	产业结构	154	0.465	0.053	0.343	0.584
rtec	技术创新水平	154	2.237	2.622	0.13	14.022
fdmatch	财力与支出责任不匹配度	154	0.379	0.104	.148	0.737
density	人口密度	154	4.338	1.21	1.89	5.938
unemploy	失业率	154	3.706	0.521	2.14	4.61

由表 5-14 可知,西部地区的环境规制、引资竞争、环保考核、技术创新水平的最大最小值比值分别为 13、14、141 和 14,变量间存在较大差异。此外,公众环保诉求还出现 0 的最小值。除了上述几个变量以外,其他的变量差异较小,离散程度不足 3。由此表明,西部地区环保考核水平差距最大,引资竞争、技术创新水平、环境规制差异次之,其他变量之间的差异相对较小。

从东、中、西部地区的变量描述性统计中可以看出,环境规制、引资竞争、公众环保诉求均呈现"东部—中部—西部"递减状态,说明经济越发达、环境规制水平越高的地区公众环保诉求的水平越高。环保考核平均值在东、中、西区域间几乎无差异,这可能是中央政府高度重视生态文明建设并推行严格推行"环保问责"的缘故。从人均 GDP 来看,东部>中部>西部,这和我们认知是相符的。从产业结构看,中部>西部>东部,东部地区第二产业占 GDP 比值最低,这也说明东部地区近年来进行产业结构升级的有效性。技术创新水平方面,东部地区显著高于中西部地区,说明东部地区相比于中西部地区,政府投入了更多的科学技术支出用于技术创新,这也从侧面说明了东部地区科技比较发达的原因。人口密度方面,东部>中部>西部,说明经济发展水平越高的地区越容易吸引人力资本到本地工作,这也和我们的认知相符。

2.东部地区实证回归结果与分析

东部地区引资竞争、环保考核和公众环保诉求对环境规制竞争的空间
杜宾回归结果如表 5-15 所示。

表 5-15　东部地区空间杜宾回归结果

er	Coef.	Std.Err.	z	P>z	[95%Conf.	Interval]
fdigdp·Wer	−0.007	0.017	−0.010	0.004***	−0.033	0.032
pub·Wer	−0.144	0.095	1.520	0.054*	−0.041	0.330
eass·Wer	−0.024	0.071	−0.340	0.731	−0.163	0.114
rtec	−0.092	0.054	−1.710	0.088*	−0.198	0.014
fdmatch	0.605	0.385	1.570	0.117	−0.151	1.360
stru	0.011	0.002	5.180	0.000***	0.007	0.015
lnrgdp	0.311	0.120	0.090	0.924	−0.224	0.247
unemploy	−0.108	0.099	−1.090	0.276	−0.301	0.086
density	−0.033	0.048	−0.680	0.494	−0.128	0.062
cons	1.478	0.912	1.620	0.105	−0.308	3.265

注:*、**、*** 分别代表在 10%、5%和 1%水平上显著。fdigdp·Wer,pub·Wer,eass·Wer 分别表示引资竞争、公众环保诉求和环保考核与空间滞后因子的交叉项。

由表 5-15 可以看出,引资竞争与环境规制空间滞后因子交叉项系数在
1%的水平通过显著性检验,显著负相关,由此表明东部地区的引资竞争显著
抑制了地方政府间环境规制竞争,其主要原因在于,相比于中部和西部地
区,东部地区经济发展水平高,经济实力雄厚,产业形态更具多样性,牺牲环
境获得经济增长的行为动机不断弱化;再加上这类地区社会公众的受教育
水平相对较高,对环境质量要求提升,许多重污染企业考虑到成本压力选择
迁出本区域,为东部地区重点发展服务业等环境友好型产业提供了机会,因
此东部地区的引资竞争不再将降低环境规制标准作为手段。

167

财政分权体制下地方政府间环境规制竞争及其影响因素研究

环保考核与环境规制的空间滞后因子的交乘项的系数不显著，说明东部地区的环保考核并不能显著地影响到环境规制竞争水平。其主要原因在于东部地区在环保考核方面紧跟中央步伐，以中央考核标准执行环保考核，东部地区的地方政府在环保考核方面差异较小，使得环保考核因素无法对这类区域的环境规制竞争产生实质性影响。

公众环保诉求与环境规制空间滞后因子交叉项系数在10%水平上通过显著性检验，且呈显著负相关，由此表明东部地区的公众环保诉求抑制了环境规制竞争性互动，这可能是因为东部地区经济发展水平高，公众受教育程度也比较高，环境变化敏感度高，较高的公众环保诉求驱使地方政府在环境规制方面逐渐走向独立，进而印证了公众环保诉求对于东部地区环境规制竞争能够产生影响的有效性的结论。

在控制变量方面，技术创新的总效应正向影响环境规制水平，且在1%水平上通过显著性检验。由此表明东部地区技术创新具有明显的环境规制外溢效应，在区域间技术创新的"模仿"效应的作用下，形成"你创新我也创新"的良好氛围，全面提升了东部地区的技术创新水平，优化了环境规制提升的技术基础，为提升环境规制水平提供良好支撑。

财力与支出责任不匹配度与环境规制竞争之间的关系不显著。这一研究结果表明，东部地区在财力方面相对充足，能够充分满足当地的财政支出需要，财力与支出责任具有较高的匹配水平，并不会对环境规制造成消极影响。这一研究结果与前文的分析结论保持一致，即东部地区在环境规制方面逐渐走向独立规制阶段。

产业结构水平与环境规制竞争之间存在显著的正相关关联，这一结果表明，东部地区第二产业在GDP中的占比较低，以服务业为代表的第三产业在GDP中的占比不断增加，这些产业数量的增加和规模的提升，迫切需要地方政府加强环境治理，改善环境质量水平，倒逼地方政府提升环境规制水平。

人口密度与环境规制竞争之间相互作用关系不显著，这一结果表明，东部地区尽管人口密度大，但并不会因此造成地方财政负担，因而不会对环境造成不良影响。

失业率与环境规制竞争之间的作用关系不显著，这一结果表明，东部地区具有发达的经济体和丰富的产业形式，能够为社会提供更多的就业机会，因此失业问题不会成为驱使地方政府降低环境规制水平的主要诱因。

3.中部区域实证回归结果

中部地区引资竞争、环保考核和公众环保诉求对环境规制竞争的空间杜宾回归结果如表5-16所示。

表 5-16　中部地区空间杜宾回归结果

er	Coef.	Std.Err.	z	P>z	[95%Conf.	Interval]
fdigdp·Wer	−0.107	0.017	−0.010	0.024***	−0.033	0.032
pub·Wer	−0.059	0.095	1.520	0.432	−0.041	0.330
eass·Wer	−0.102	0.071	−0.340	0.017*	−0.163	0.114
rtec	0.019	0.003	6.190	0.000***	0.013	0.025
fdmatch	−0.059	0.136	−0.430	0.066*	−0.325	0.207
stru	−0.322	0.002	5.180	0.000***	−0.007	0.015
lnrgdp	−0.144	0.059	2.450	0.014**	−0.259	0.029
unemploy	0.129	0.089	1.440	0.149	0.046	0.304
density	−0.130	0.005	1.240	0.016**	−0.076	0.335
cons	0.764	0.642	1.920	0.048**	0.206	4.154

注：*、**、***分别代表在10%、5%和1%水平上显著。fdigdp·Wer，pub·Wer，eass·Wer分别表示引资竞争、公众环保诉求和环保考核与空间滞后因子的交叉项。

由表 5-16 可以看出，引资竞争与环境规制的空间滞后因子的交乘项的系数为负，并且在 1% 的水平上显著，说明中部地区的引资竞争加剧了环境规制之间的竞争，这可能是因为中部地区争相降低环境规制标准来吸引外商投资以发展经济，因此引资竞争加剧了中部地区环境规制的"竞相向下"。环保考核与环境规制的空间滞后因子的交乘项的系数为负，并且在 10% 的水平上显著，说明中部地区的地方政府响应中央的环保考核要求，使得中央的环保考核显著降低了地区间环境规制的"竞相向下"。公众环保诉求与环境规制的空间滞后因子的交乘项系数为负，不显著，这可能是因为中部地区经济发展相对落后，地方政府经济发展压力较大，在民意和经济之间，中部地区还是把经济发展放到了第一位。

在控制变量方面，中部地区技术创新的总效应正向影响环境规制水平，且在 1% 水平上通过显著性检验。由此表明中部地区技术创新具有明显的环境规制外溢效应，在区域间技术创新的"模仿"效应的作用下，形成"你创新我也创新"的良好氛围，全面提升了中部地区的技术创新水平，也表明在国家实施创新驱动发展战略后，中部地区认识到了创新的重要性。

人均 GDP 与环境规制水平显著负相关，这一结果表明中部地区在经济发展和环境保护方面处于两难困境，迫切需要优化产业结构打破经济发展和环境保护两难的困境，实现经济、环境领域的双赢。

财力与支出责任不匹配度与环境规制水平显著负相关，也即中部地区现有的财力水平还难以为当地财政支出提供有力支持，地方政府的财力水平和支出责任缺乏合理匹配的情形下，很可能会牺牲环境来解决经济增长问题，由此引发环境规制竞争朝着"竞相向下"的状态演进。

产业结构与环境规制水平显著负相关，这一结果表明中部地区当前的产业结构对环境规制竞争造成一定不利影响，引发环境的破坏和环境质量的下降。

人口密度与环境规制水平显著负相关，也即在人口密度相对较大的区域，地方政府在进行环境规制竞争策略决策时，为了缓解人口压力，满足经济发展需要，会有意识地放松环境规制降低执行标准。

4.西部区域实证回归结果

西部地区引资竞争、环保考核和公众环保诉求对环境规制竞争的空间杜宾回归结果如表5-17所示。

表5-17　西部地区空间杜宾回归结果

er	Coef.	Std.Err.	z	P>z	[95%Conf.	Interval]
fdigdp·Wer	0.123	0.082	1.500	0.033***	0.284	0.038
pub·Wer	−0.033	0.062	−0.540	0.589	−0.155	0.088
eass·Wer	−0.148	0.602	2.480	0.013**	−0.031	0.265
rtec	−0.105	0.006	−0.760	0.445	−0.018	0.008
fdmatch	−0.185	0.134	1.390	0.006***	−0.077	0.447
stru	−0.611	0.002	5.180	0.000***	−0.007	0.015
lnrgdp	−0.075	0.023	−3.210	0.001***	−0.120	−0.029
unemploy	−0.103	0.035	−2.940	0.003***	−0.171	−0.034
density	−0.095	0.056	−1.690	0.090*	−0.204	0.015
cons	1.077	0.451	3.520	0.000***	0.703	2.471

注：*、**、***分别代表在10%、5%和1%水平上显著。fdigdp·Wer,pub·Wer,eass·Wer分别表示引资竞争、公众环保诉求和环保考核与空间滞后因子的交叉项。

从表5-17可以看出，引资竞争与环境规制的空间滞后因子的交乘项的系数为正，在1%的水平通过显著性检验，这一结果表明，西部地区地方政府的引资竞争行为是地方政府间环境规制竞争加剧的重要因素，其主要原因在于地方政府为了更好地发展经济，在相互间的环境规制博弈竞争中，都不约而

财政分权体制下地方政府间环境规制竞争及其影响因素研究

同地选择了降低环境规制的竞争策略,以达到吸引外商投资的目的,必然会造成环境规制"竞相向下"的结果。环保考核与环境规制空间滞后因子交乘项系数为负,且在5%的水平上通过显著性检验,这一结果表明中央政府制定的环保考核规定会抑制环境规制的"竞相向下"的结果。公众环保诉求与环境规制的空间滞后因子的交乘项系数为负,未通过显著性检验,这就意味着在西部地区社会公众环保诉求对环境的影响力相对有限,无法对环境规制竞争产生显著影响。这可能是因为西部地区经济发展压力比较大,地方政府在环境、民意和经济之间,和中部地区类似,还是把经济发展放到了第一位。

从控制变量来看,西部地区的技术创新对环境规制水平影响不显著,说明西部地区的技术创新效应还没有发挥出来或者说技术创新还没有达到能够提升环境污染治理效率的水平,因此西部地区应该继续增加财政在科技上的支出,以使技术创新发挥其正面效应。

人均GDP与环境规制水平在1%水平上显著负相关,这一结果同中部地区高度相似,也就意味着中西部地区在发展过程中同样存在着经济发展和环境保护的双重困境,还需要通过产业结构升级等方式扭转这一局面。

财力与支出责任不匹配度与环境规制水平在1%水平上显著负相关,表明西部地区地方政府的财力虽然能够在一定程度上为财政支出提供支持,但财力与支出责任匹配度不高。这一结果表明西部地区为了发展经济,地方政府很可能会以牺牲环境为代价,制定相对较低的环境规制执行标准,容易导致环境规制出现"竞相向下"的不良竞争局面。

产业结构水平与环境规制在1%水平上显著负相关,其主要原因在于,西部地区为了更好地发展当地经济,在某种程度上扮演着承接东部地区落后或淘汰企业、产业的角色,大量的污染企业会进入到西部地区,很容易引发环境规制的"竞相向下"竞争局面,对当地环境造成不良影响。

失业率环境规制水平在1%水平上显著负相关,这一结果表明,西部地区分布众多高能耗和重污染企业,企业能够吸纳人口就业,所以地方政府在监管这类企业时,通常会采取适当的放松环境规制的管理策略,以保证管辖区域人员充分就业和管辖地区的平稳安定。

通过上述分析可知,地方政府横向引资竞争、环保考核、公众环保诉求均会对环境规制竞争造成显著影响,即引资竞争会使得环境规制竞争呈现出"竞相向下"的趋向,环保考核与公众环保诉求具有弱化这一发展趋向的作用,但与此同时,上述作用效应又存在一些明显的区域差异性。具体而言,在东部地区,地方政府的引资竞争会有效抑制区域间的环境规制竞争,较高的经济发展水平降低了"竞相向下"竞争的发展趋势,形成了更加良好的环境规则竞争秩序;公众环保诉求也会在一定程度上削弱环境规制的"竞相向下",通过公众环保监督和约束能够促进环境治理工作的有序开展;但环保考核与环境规制竞争的作用关系的检验结果却发现两者关系不显著,其主要原因在于该地区的环保考核标准一直比较接近中央环保考核标准,因此环保考核因素对东部地区政府间的环境规制竞争无法发挥较大的影响作用。在中部与西部地区存在相差较大的作用关系,引资竞争会使得环境规制"竞相向下"的竞争程度有所增加;中央政府制定的环保考核标准有助于削弱环境规制的"竞相向下";但公众环保诉求与环境规制竞争作用关系的检验结果表明两者关系不显著,由此可以看出,在中西部地区公众环保诉求发挥的作用相对有限,而在东部地区发挥的作用更加显著。

此外,控制变量检验结果表明:在东中部地区,技术创新能够显著提高环境规制水平,而西部地区的改善效果不显著;与中西部地区相比,东部地区地方政府财力和支出责任实现高度匹配,有助于提升环境规制水平。同样,东部地区的产业结构可以显著提高环境规制水平,而中西部地区的产业结构起到的是抑制效应。此外,在东部和中西部地区,人口密度、失业率与环境规制的作用关系存在差异,东部地区两大因素对环境规制的影响作用不显著,中西部地区两大因素却会显著降低环境规制水平。

综合上述分析可知,东部地区在经济发展方面起步高、发展快,整体经济实力要显著超出中西部地区。财力与支出责任匹配度高,推动了地方政府不断加快产业升级步伐,奠定了雄厚的经济基础,也丰富了产业样态,地方政府在发展经济过程中牺牲环境的动机降低。尤其是在公众环保意识水平提高的背景下,东部地区实现污染企业和产业转移战略,将一些重污染企业迁至中西部地区或国外,大力发展服务业,实现了环境保护与经济发展的协同推进。与之相对的是,中西部地区属于经济欠发达地区,环境治理基础设施薄弱,失业率居高不下,人均 GDP 长期低位徘徊,对地方政府造成了巨大的财政压力,也让地方政府官员承受较高的竞争压力。为了拓展财政收入空间,地方政府会有意识地选择牺牲环境来换取经济发展的战略。这一研究结果表明,经济发展水平不同、市场开放程度不同、区域资源禀赋不同都会对环境规制竞争产生影响,且各影响因素的作用程度有所不同,假设 4 在此得到验证。因此,在分析地区环境规制竞争问题,寻找环境规制"逐底竞争"问题的解决方案,合理设计环境规制政策,应当建立在差异化的视角的基础上,理顺各个影响因素的作用关系,避免"一刀切"。

(七)稳健性检验

为了结论的可靠性,本书对已经选择的指标执行稳健性检验。综合以往学者,如坤荣和付文林(2006),龙小宁等(2014)和王凤荣和苗妙(2015)等的文献内容,选择企业所得税/GDP 总量来定义引资竞争,记作 ertaxgdp;一般工业固体废弃物处理率(一般工业固体废弃物处理量/一般工业固体废弃物产生量)用来定义环保考核,记作 eass1;考虑到公众环保是综合性概念,缺乏数据进行直接表征。但现有的文献表示,公众环保诉求同公众受教育程度关系密切。一方面,公众受教育程度高,参与环境治理意愿强,公众的环保意识也相对较高,对所在区域环境供给水平更为敏感;另一方面,公众受教育程度越高,意见表达渠道选择空间更多,意见表达更加多元化,对地方政府产生的影响力更大。基于此,本书将公众受教育年限当做公众环保诉求的替代指标,记作 pub1,在计算公众受教育年限时,依据现行学制进行,即(大专以上文化程度年限 *16+高中文化程度年限 *12+初中文化程度年限 *9+小学文化程度年限 *6)。该指标数值越高,公众受教育程度就越高。数据来源为《中国环境统计年鉴》《中国统计年鉴》。在遇到缺失数据时,通过使用线性插值法进行补全,整个分析结果见下表 5-18。

表 5-18　替代指标的稳健性的估计结果

er	Coef.	Std.Err.	z	P>z	[95%Conf.	Interval]
ertaxgdp·Wer	0.092	2.726	0.550	0.046**	−6.834	3.850
pub1·Wer	−0.030	0.014	−2.210	0.027**	−0.057	−0.003
eass1·Wer	−0.065	0.028	−2.360	0.018**	−0.011	−0.120
rtec	0.007	0.001	8.880	0.000***	0.005	0.009
fdmatch	−0.294	0.082	−3.590	0.000***	0.134	0.455
stru	−0.668	0.109	−6.120	0.000***	0.454	0.883
lnrgdp	−0.075	0.023	−3.210	0.001***	−0.120	−0.029
unemploy	−0.103	0.035	−2.940	0.003***	−0.171	−0.034
density	−0.141	0.057	−2.460	0.014**	−0.252	−0.029
cons	0.115	0.290	0.400	0.069*	0.454	0.684

注:*、**、*** 分别代表在 10%、5% 和 1% 水平上显著。fdigdp·Wer、pub·Wer,eass·Wer 分别表示引资竞争、公众环保诉求和环保考核与空间滞后因子的交叉项。

根据表 5-18 可以发现,全国范围的企业所得税竞争与环境规制空间滞后因子的交叉项系数在 5% 水平下显著为正,企业所得税竞争强化了环境规制的"竞相向下";一般工业固体废弃物处理率与环境规制空间滞后因子的交叉项系数在 5% 的水平下显著为负,一般工业固体废弃物处理率弱化了环境规制的"竞相向下";公众受教育年限与环境规制空间滞后因子的交叉项系数在 5% 的水平下显著为负,公众环保诉求能够弱化地区间环境规制的"竞相向下",控制变量除个别变量的显著性程度有差别外,相关结论依然成立。

第六章
各影响因素对环境规制竞争的交互效应分析

  本章节的逻辑架构如下:首先,利用空间杜宾模型对整体样本数据进行实证分析,以探讨引资竞争、环保考核和公众环保诉求的交互项与环境规制竞争之间的关系,揭示出三种因素共同作用下环境规制竞争的演化趋势或变化方向。将 2012 年作为研究的时间分界线,对 2004—2011 年、2012—2017 年的两个不同时间段的三种影响因素的交互项对环境规制竞争的影响进行差异性分析。其次,依据分布区域、财政分权度分别将总体样本划分为东部、中部、西部三个小组,高财政分权度组与低财政竞争度组,进而探讨不同区域间、不同财政分权度下三大影响因素共同作用是如何影响到环境规制竞争的,进而把握在不同条件下各种影响因素对环境规制竞争的影响作用差异。最后,进行实证结果的稳健性检验,证实本研究的合理性。

一、各影响因素对环境规制竞争的直接交互效应

(一)空间杜宾模型设定

前文已经在分析中指出,相比于空间误差模型和空间自回归模型,空间杜宾模型能够有效解决空间自回归问题和变量内生性问题。因此,本书将空间杜宾模型作为空间关系的估计模型,引入上文分析所使用的外商投资距离矩阵作为空间权重矩阵,在此基础上对三大影响因素的交互项和地方政府环境规制竞争的影响进行深入探讨,引入极大似然估计方法(MLE)对该模型进行估计,得到相关研究结论来验证假设 5。具体回归模型设定详见如下:

$$er_{it} = a + \rho_1 ecom \cdot eass \cdot pub Wer_{it} + \theta_1 Z_{it} + \mu_i + \tau_t + \varepsilon_{it}$$

式(6-1)

其中 ρ_1 为本地或相邻地区的环境规制对竞争地区(即相邻地区与本地)的影响程度, θ_1 分别代表相邻地区控制变量对本地区环境规制水平的影响程度,W 为地区相互关系的空间权重矩阵, u_i、τ_t 分别为个体固体和时间固定, ε_{it} 为扰动项。

(二)变量选取和数据来源

因变量:环境规制(er)竞争,体现在空间杜宾模型回归分析中,根据熵值法计算得到。

自变量:引资竞争 * 环保考核 * 公众环保诉求,即引资竞争、环保考核与公众环保诉求的交互项。

控制变量：人均收入（rgdp），财力与支出责任不匹配度（fdmatch），产业结构水平（stru），技术水平（rtec），人口密度（density），失业率（unemploy）。

控制变量的确定标准和依据前文已有介绍，在此不再赘述。

为了防止出现异方差造成的结果干扰，将数值超过 1 的变量数据均采取取对数处理操作。所有数据来源于历年《中国统计年鉴》《中国环境年鉴》和《中国环境统计年鉴》。

（三）实证检验与结果分析

为了确定应该选择固定效应模型还是随机效应模型，在进行空间杜宾模型回归前，本书主要使用的是豪斯曼检验法，检验结果表明固定效应模型适用性更强。Wald 检验的结果显示 P 值为 0.000，检验值为 43.49，因此需要拒绝空间杜宾模型简化为空间滞后模型和空间误差模型假设；使用 LR 检验空间杜宾模型的退化性，P 值为 0.005，1%水平上结果显著，于是拒绝原假设。综合分析后确定使用 SDM 模型。随后，对时间固定效应、个体固定效应、时间地区双固定效应模型的适用性进行判定，结果发现时间地区双固定效应模型的适用性更强。详细结果见表 6–1。

表 6–1　三种影响因素的交互项对环境规制竞争的影响的回归结果

er	Coef.	Std.Err.	z	P>z	[95%Conf.	Interval]
fdigdp·eass·pub·Wer	−0.353	0.167	−2.120	0.034**	−0.680	−0.027
stru	−0.743	0.115	−6.450	0.008***	−0.517	−0.968
rtec	0207	0.001	8.590	0.078*	0.005	0.008
fdmatch	−0.156	0.080	−1.950	0.051**	−0.313	0.001
density	−0.111	0.040	−2.780	0.005***	−0.033	0.190

er	Coef.	Std.Err.	z	P>z	[95%Conf.	Interval]
unemploy	−0.007	0.009	−0.790	0.429	−0.010	0.024
_cons	0.166	0.223	0.740	0.456	−0.271	0.604

注:*、**、*** 分别代表在 10%、5%和 1%水平上显著。fdigdp·Wer,pub·Wer,eass·Wer 分别表示引资竞争、公众环保诉求和环保考核与空间滞后因子的交叉项。

根据表 6-1 给出的结果可知,在全国层面,三种影响因素的空间滞后项与环境规制的交互关系在 5%水平通过显著性检验,由此表明三种影响因素共同作用降低了环境规制"向下竞争"的程度,具体来看,引资竞争造成的环境规制放松力度不及公众环保诉求、中央环保考核所带来的环境规制加大力度,进一步表明在全国整体层面,环保考核和环保诉求在提升环境质量方面具有显著效果。

(四)分时间段对比分析

本书之所以进行分时段回归,主要原因在于 2012 年在环境治理领域具有里程碑意义。党的十八大在 2012 年正式召开,在工作报告中首次将"生态文明建设"纳入"五位一体"的国家总体布局中。自此以后,上至中央下至地方均在生态环境领域做出众多改革努力, 这些改革努力对于改善环境质量水平,确保生态文明建设工作的顺利推进发挥了实质性作用。基于此,本书将 2012 年作为时间分水岭,将 2004—2011 年、2012—2017 年作为两个不同的回归时间段,分别进行回归分析。详细结果见表 6-2 和 6-3。

第六章 各影响因素对环境规制竞争的交互效应分析

表 6-2 2004—2011 年三种影响因素的交互项对环境规制竞争的回归结果

er	Coef.	Std.Err.	z	P>z	[95%Conf.	Interval]
fdigdp·eass·pub·Wer	0.182	0.161	1.130	0.258	−0.134	0.499
lnrgdp	−0.034	0.011	−2.990	0.003***	−0.056	−0.012
rtec	0.012	0.002	6.220	0.000***	0.008	0.016
fdmatch	0.148	0.073	2.040	0.042**	0.006	0.291
stru	0.408	0.162	2.520	0.012**	0.091	0.725
density	−0.138	0.051	−2.690	0.007***	−0.238	−0.037
unemploy	−0.045	0.023	−2.010	0.044**	−0.090	−0.001
_cons	1.028	0.288	3.570	0.000***	0.464	1.592

注:*、**、*** 分别代表在 10%、5%和 1%水平上显著。fdigdp·eass·pub·Wer 表示引资竞争、环保考核和公众环保诉求三个变量与空间滞后因子的交叉项。

表 6-3 2012—2017 年三种影响因素的交互项对环境规制竞争的回归结果

er	Coef.	Std.Err.	z	P>z	[95%Conf.	Interval]
fdigdp·eass·pub·Wer	−0.411	0.165	−2.480	0.013**	−0.735	−0.087
lnrgdp	−0.420	0.049	−8.520	0.000***	−0.516	−0.323
rtec	0.009	0.002	3.820	0.000***	0.005	0.014
fdmatch	0.224	0.125	1.790	0.074*	−0.021	0.469
stru	−0.424	0.182	−2.340	0.019**	−0.781	−0.068
density	0.152	0.027	5.720	0.000***	0.100	0.204
unemploy	0.016	0.020	0.810	0.417	−0.023	0.055
_cons	4.897	0.770	6.360	0.000***	3.388	6.407

注:*、**、*** 分别代表在 10%、5%和 1%水平上显著。fdigdp·eass·pub·Wer 表示引资竞争、环保考核和公众环保诉求三个变量与空间滞后因子的交叉项。

财政分权体制下地方政府间环境规制竞争及其影响因素研究

　　由表 6-2 和表 6-3 可知,2004—2011 年间,引资竞争、环保考核和公众环保诉求与环境规制的空间滞后项回归系数不显著,2012—2017 年间,引资竞争、环保考核和公众环保诉求与环境规制滞后项在 5% 的水平上显著为负,并且回归系数比表 6-2 中 2004—2011 年总体的回归系数要大,说明自 2012 年以来, 日益增强的环保考核和公众环保诉求显著地弱化了环境规制的"竞相向下"。2004—2011 年和 2012 年之后,技术创新能够显著提升环境规制水平,表明国家一直重视技术创新,随着创新驱动发展战略的提出,国家加大了对科技创新的投入力度,从而使科技创新水平能够有效影响环境领域。2004—2011 年间,我国的产业结构调整显著提升了环境污染水平,考虑到重污染和高能耗企业主要分布在第二产业, 这一结果侧面反映出在此阶段第二产业在 GDP 中的比重占比过高, 产业结构有待优化。2012—2017 年间,研究结果有所改变,产业结构与环境规制之间的作用关系并不显著,这一结果侧面反映出第三产业在 GDP 中的占比有不断增加的发展趋势。在 2012 年以前,失业率对环境规制的影响为负值,而到 2012 年以后两者的作用关系并不显著, 这一研究结果表明国家通过牺牲环境增加就业的方法动机已经在不断降低。财力与支出责任不匹配度对环境规制的影响在 2012 年前后并未发生本质改变,显著为负,且 2012 年后回归系数更高,这一研究结果表明,中国通过采取"营改增"、国地税合并改革措施以后,地方财力有所降低,地方政府承受的财政支出压力不断增加。

二、各影响因素对环境规制竞争的分组交互效应

(一)东、中、西区域的分组回归结果

前文分析表明,中国东、中、西部地区在资源禀赋、公众受教育程度、区域经济水平等多个方面都存在显著差别,影响到环境治理的策略选择,因此有必要按照区域分布对其分别进行回归检验,以了解不同区域内三大影响要素共同交互作用与环境规制竞争之间的关系,回归分析结果见表6-4、6-5、6-6。

表6-4 东部地区三种影响因素的交互项对环境规制竞争影响的回归结果

er	Coef.	Std.Err.	z	P>z	[95%Conf.	Interval]
fdigdp·eass·pub·Wer	−0.236	0.193	−1.220	0.023**	−0.614	0.142
lnrgdp	−0.030	0.040	−0.760	0.450	−0.108	0.048
rtec	0.013	0.002	5.980	0.000***	0.009	0.017
fdmatch	0.055	0.118	0.460	0.643	−0.177	0.287
stru	0.900	0.380	2.370	0.018**	0.156	1.644
density	−0.102	0.087	−1.180	0.238	−0.272	0.068
unemploy	−0.013	0.042	−0.310	0.756	−0.094	0.068
_cons	0.743	0.741	1.000	0.315	−0.708	2.195

注:*、**、*** 分别代表在10%、5%和1%水平上显著。fdigdp·eass·pub·Wer表示引资竞争、环保考核和公众环保诉求三个变量与空间滞后因子的交叉项。

表 6-5　中部地区三种影响因素的交互项对环境规制竞争影响的回归结果

er	Coef.	Std.Err.	z	P>z	[95%Conf.	Interval]
fdigdp·eass·pub·Wer	0.597	0.297	−2.010	0.144	1.178	0.016
lnrgdp	−0.020	0.015	−1.340	0.181	−0.049	0.009
rtec	0.017	0.006	3.030	0.002***	0.006	0.029
fdmatch	−0.011	0.118	−0.090	0.926	−0.242	0.220
stru	−0.491	0.137	−3.600	0.000***	−0.224	0.759
density	−0.027	0.051	−0.540	0.590	−0.127	0.072
unemploy	−0.017	0.042	−0.390	0.693	−0.099	0.066
_cons	−0.597	0.297	−2.010	0.044**	−1.178	−0.016

注:*、**、*** 分别代表在 10%、5% 和 1% 水平上显著。fdigdp·eass·pub·Wer 表示引资竞争、环保考核和公众环保诉求三个变量与空间滞后因子的交叉项。

表 6-6　西部地区三种影响因素的交互项对环境规制竞争影响的回归结果

er	Coef.	Std.Err.	z	P>z	[95%Conf.	Interval]
fdigdp·eass·pub·Wer	0.230	0.706	0.330	0.007***	1.153	1.613
lnrgdp	−0.064	0.015	−4.380	0.000***	−0.093	−0.036
rtec	0.022	0.005	4.840	0.783	0.013	0.031
fdmatch	0.553	0.134	4.140	0.000***	0.291	0.815
stru	0.895	0.132	6.760	0.000***	0.636	1.155
density	−0.123	0.041	−2.980	0.003***	−0.203	−0.042
unemploy	−0.044	0.024	−1.830	0.067*	−0.092	0.003
_cons	0.743	0.741	1.000	0.315	−0.708	2.195

注:*、**、*** 分别代表在 10%、5% 和 1% 水平上显著。fdigdp·eass·pub·Wer 表示引资竞争、环保考核和公众环保诉求三个变量与空间滞后因子的交叉项。

经过上述分析可以看出，东部地区三大影响要素交互项同环境规制空间滞后项之间存在负相关关系，通过5%水平的显著性检验。由此表明，三种因素共同作用会造成环境规制竞争水平显著下降，在一定程度上反映出环境规制竞争正在走向独立规制的发展趋势，也即环境规制在东部地区能够发挥实际作用。中部地区三种影响因素交互项同环境规制空间滞后项之间存在正相关关系，但未通过显著性检验。这一结果表明，中部地区采取的环境规制策略类型为"模仿性"竞争策略，导致的结果是"竞相向下"；与之形成反差的是，环保考核、公众环保诉求对引资竞争造成的环境规制"竞相向下"效应产生一定的抑制作用，在三个因素的共同作用下，最终造成环境规制"竞相向下"且无法通过显著性检验。西部地区三种影响因素交互项同环境规制空间滞后项之间存在正相关关系，且在1%水平通过显著性检验。这一结果表明，在西部地区，公众环保诉求与中央环保考核对环境规制"竞相向下"的抑制效果并不能显著改善引资竞争造成的环境规制水平下降的影响结果，这一结论与前文研究结论保持一致，即西部地区仍然受到环境保护与经济发展的双重限制，处于两难的窘迫境地。

(二)基于财政分权度分组回归结果

本书选择财政分权度进行分组是出于以下考虑：首先，本研究是建立在财政分权的基本背景之下，所有的内容都以这一背景为基础展开；其次，财政分权制度赋予地方一定的财政自主权，地方政府能够在一定范围内决定财政收支规模；最后，不同的财政分权度可能导致地方政府做出不同的行为选择，具体到环境规制领域，财政分权度不同的地方政府在环境规制竞争方面可以做出明显的差异化决策。因此，财政分权度存在差异的地区，三种影响因素对环境规制竞争的影响可能也存在一定差异。基于此，本书将30个

财政分权体制下地方政府间环境规制竞争及其影响因素研究

省按照财政分权度分为高低两组，探讨不同的财政分权度下三种影响因素共同作用于环境规制竞争的影响。

学术界根据研究目的的不同，对财政分权的测量也会有所差异。中国研究学者在进行财政分权衡量时，选择的指标众多，例如：张晏和龚六堂（2005）将本级财政收入在省级和中央预算中的比重当做财政分权的替代指标。傅勇和张晏（2007）选取的财政分权的评价指标与张晏和龚六堂类似，只不过他是建立在人均预算的基础上。乔宝云等（2005）将省级人均财政收入在省级和中央财政收入总额中的占比作为财政收入分成指标，将省级人均财政支出在省级和中央财政支出总额中的占比作为财政支出分权指标，两个指标数值越大，地方政府财政收支的自主权就越大。本书参考乔宝云等的做法，构建了支出分权指标。利用财政支出分权指标作为分组变量。为了避免异方差，对所有大于 1 的变量数据全部进行取对数处理，所有数据来源于2005—2018 年《中国统计年鉴》，财政分权度的测量结果如表 6-7 所示。

表 6-7　2004—2017 年中国各省财政分权度的平均值及排名

省份	2004	2005	2006	2007	2008	2009	2010	2011
上海	0.9254	0.9285	0.9232	0.9243	0.9234	0.9221	0.9232	0.9315
北京	0.9083	0.9111	0.9142	0.9191	0.9167	0.9160	0.9207	0.9291
天津	0.8578	0.8633	0.8692	0.8747	0.8801	0.8890	0.8989	0.9154
青海	0.8075	0.8233	0.8375	0.8551	0.8672	0.8843	0.9172	0.9329
内蒙古	0.7952	0.8087	0.8156	0.8373	0.8556	0.8727	0.8852	0.9076
宁夏	0.7750	0.8002	0.8080	0.8207	0.8394	0.8582	0.8808	0.9001
新疆	0.7793	0.7937	0.8132	0.8142	0.8319	0.8451	0.8670	0.8940
辽宁	0.7843	0.8096	0.8142	0.8258	0.8324	0.8439	0.8597	0.8791
吉林	0.7553	0.7759	0.7763	0.7890	0.8112	0.8252	0.8451	0.8673
浙江	0.7804	0.7907	0.7924	0.8019	0.8083	0.8148	0.8316	0.8516

续表

省份	2004	2005	2006	2007	2008	2009	2010	2011
海南	0.7191	0.7313	0.7331	0.7702	0.8066	0.8311	0.8487	0.8787
江苏	0.7417	0.7667	0.7758	0.7925	0.8063	0.8182	0.8397	0.8653
广东	0.7701	0.7877	0.7806	0.7907	0.7917	0.7892	0.8132	0.8391
黑龙江	0.7506	0.7545	0.7692	0.7819	0.8005	0.8111	0.8314	0.8560
重庆	0.6999	0.7218	0.7357	0.7591	0.7808	0.7981	0.8324	0.8778
陕西	0.6978	0.7207	0.7456	0.7665	0.7927	0.8121	0.8328	0.8647
甘肃	0.6981	0.7154	0.7319	0.7537	0.7907	0.8101	0.8279	0.8507
山西	0.7193	0.7481	0.7811	0.7813	0.7932	0.7994	0.8192	0.8430
云南	0.7122	0.7196	0.7239	0.7439	0.7631	0.7889	0.8064	0.8377
福建	0.7068	0.7130	0.7278	0.7443	0.7568	0.7711	0.7938	0.8282
贵州	0.6383	0.6753	0.6853	0.7166	0.7447	0.7724	0.7973	0.8410
四川	0.6457	0.6626	0.6845	0.7142	0.7829	0.7933	0.8161	0.8257
湖北	0.6513	0.6702	0.7076	0.7213	0.7420	0.7618	0.7855	0.8200
山东	0.6809	0.7026	0.7215	0.7360	0.7408	0.7511	0.7838	0.8090
江西	0.6357	0.6609	0.6786	0.7053	0.7324	0.7551	0.7833	0.8217
湖南	0.6389	0.6729	0.6883	0.7115	0.7336	0.7511	0.7753	0.8133
广西	0.6309	0.6616	0.6704	0.7048	0.7283	0.7450	0.7850	0.8172
安徽	0.6140	0.6345	0.6694	0.7013	0.7277	0.7535	0.7846	0.8187
河北	0.6551	0.6805	0.6924	0.7148	0.7282	0.7449	0.7668	0.7994
河南	0.5986	0.6393	0.6686	0.6977	0.7066	0.7282	0.7528	0.7869

财政分权体制下地方政府间环境规制竞争及其影响因素研究

省份	2012	2013	2014	2015	2016	2017	平均值	排名
上海	0.9269	0.9257	0.9248	0.9324	0.9352	0.9356	0.9273	1
北京	0.9278	0.9292	0.9272	0.9343	0.9370	0.9360	0.9234	2
天津	0.9163	0.9201	0.9202	0.9183	0.9228	0.9075	0.8967	3
青海	0.9359	0.9339	0.9334	0.9327	0.9284	0.9226	0.8937	4
内蒙古	0.9085	0.9075	0.9037	0.9011	0.9004	0.8929	0.8709	5
宁夏	0.9060	0.9036	0.9016	0.9017	0.9036	0.9036	0.8645	6
新疆	0.8979	0.9000	0.8974	0.8967	0.8970	0.8983	0.8590	7
辽宁	0.8823	0.8873	0.8752	0.8463	0.8407	0.8387	0.8442	8
吉林	0.8664	0.8690	0.8651	0.8628	0.8688	0.8646	0.8316	9
浙江	0.8458	0.8512	0.8502	0.8659	0.8629	0.8611	0.8292	10
海南	0.8812	0.8825	0.8807	0.8798	0.8834	0.8789	0.8290	11
江苏	0.8649	0.8672	0.8658	0.8673	0.8629	0.8603	0.8282	12
广东	0.8342	0.8401	0.8380	0.8642	0.8605	0.8624	0.8187	13
黑龙江	0.8565	0.8538	0.8445	0.8502	0.8488	0.8508	0.8186	14
重庆	0.8819	0.8727	0.8701	0.8712	0.8688	0.8678	0.8170	15
陕西	0.8647	0.8662	0.8642	0.8613	0.8531	0.8544	0.8141	16
甘肃	0.8522	0.8560	0.8560	0.8596	0.8589	0.8542	0.8083	17
山西	0.8465	0.8473	0.8367	0.8341	0.8245	0.8253	0.8071	18
云南	0.8469	0.8531	0.8509	0.8425	0.8415	0.8471	0.7984	19
福建	0.8339	0.8439	0.8404	0.8487	0.8478	0.8479	0.7932	20
贵州	0.8509	0.8540	0.8596	0.8573	0.8581	0.8571	0.7863	21
四川	0.8297	0.8361	0.8350	0.8310	0.8303	0.8298	0.7798	22
湖北	0.8244	0.8336	0.8372	0.8494	0.8463	0.8429	0.7781	23
山东	0.8148	0.8204	0.8163	0.8185	0.8162	0.8116	0.7731	24
江西	0.8287	0.8361	0.8382	0.8387	0.8354	0.8374	0.7705	25

续表

省份	2012	2013	2014	2015	2016	2017	平均值	排名
湖南	0.8174	0.8233	0.8186	0.8197	0.8242	0.8234	0.7651	26
广西	0.8215	0.8188	0.8160	0.8202	0.8225	0.8239	0.7619	27
安徽	0.8268	0.8274	0.8229	0.8211	0.8181	0.8220	0.7601	28
河北	0.8016	0.7999	0.7933	0.8032	0.8034	0.8043	0.7563	29
河南	0.7934	0.7976	0.7947	0.7942	0.7978	0.8001	0.7398	30

根据此测量结果,本书将 30 个省的财政分权分成高低两组,具体如表 6-8 所示。

表 6-8　财政分权分组情况

高财政分权度	上海、北京、天津、青海、内蒙古、宁夏、新疆、辽宁、吉林、浙江、海南、江苏、广东、黑龙江、重庆
低财政分权度	陕西、甘肃、山西、云南、福建、贵州、四川、湖北、山东、江西、湖南、广西、安徽、河北、河南

从表 6-8 可以看出,财政支出分权程度较高的地区既包括经济欠发达地区也包括经济发达地区。经济发达地区如北京、广东、上海、浙江、江苏、天津等,这些地区的经济发展水平和地方财政收入较高,对地方财政支出承担较多责任。经济欠发达地区如青海、黑龙江、吉林等,这些地区经济发展水平和地方财政收入相对较少,但也承担了较多的地方财政支出。由此可以推断,经济欠发达地区的财力"捉襟见肘"。财政分权程度较低的地区大多是经济欠发达地区,如陕西、甘肃、山西、云南等地区。这些地区经济发展水平较低,地方财政收入和财政支出都相对较少。

经过上文分析以后,可以对高、低财政分权度的两组地区影响因素的交互项与环境规制竞争之间的关系展开实证分析,分析结果见表 6-9 和 6-10。

表 6-9　高财政分权组影响因素的交互项对环境规制竞争影响的回归结果

er	Coef.	Std.Err.	z	P>z	[95%Conf.	Interval]
fdigdp·eass·pub·Wer	−0.203	0.116	−1.750	0.080**	−0.430	0.024
lnrgdp	0.325	0.046	−7.000	0.000***	−0.417	−0.234
rtec	0.470	0.149	3.150	0.002***	0.177	0.763
fdmatch	0.009	0.001	8.750	0.000***	0.007	0.011
stru	0.075	0.029	2.590	0.010	0.018	0.132
density	0.012	0.017	0.720	0.469	−0.021	0.045
unemploy	−0.137	0.525	−0.260	0.793	−1.166	0.891
_cons	−0.203	0.116	−1.750	0.080**	−0.430	0.024

注:*、**、***分别代表在10%、5%和1%水平上显著。fdigdp·eass·pub·Wer表示引资竞争、环保考核和公众环保诉求三个变量与空间滞后因子的交叉项。

表 6-10　低财政分权组影响因素的交互项对环境规制竞争影响的回归结果

er	Coef.	Std.Err.	z	P>z	[95%Conf.	Interval]
fdigdp·eass·pub·Wer	0.391	0.137	2.860	0.004***	0.123	0.658
lnrgdp	−0.296	0.033	−2.890	0.018***	−0.161	−0.031
rtec	0.571	0.101	5.650	0.000***	0.373	0.769
fdmatch	−0.004	0.002	−1.880	0.060**	−0.007	0.000
stru	−0.221	0.023	−0.930	0.050**	−0.068	0.024
density	0.009	0.011	0.850	0.394	−0.012	0.031
unemploy	0.665	0.280	2.380	0.017**	0.117	1.214
_cons	0.391	0.137	2.860	0.004***	0.123	0.658

注:*、**、***分别代表在10%、5%和1%水平上显著。fdigdp·eass·pub·Wer表示引资竞争、环保考核和公众环保诉求三个变量与空间滞后因子的交叉项。

第六章　各影响因素对环境规制竞争的交互效应分析

通过对财政分权度不同分组的回归分析结果分析可以看出，在高财政分权度分组中，三种影响因素交互作用同环境规制空间滞后项负相关，且在5%水平上通过显著性检验。这一结果表明，在财政支出分权度高的地区，三个影响因素的共同作用会使环境规制竞争的"竞相向下"趋势得到遏制。表6-9的结果表明，在高财政分权度区域中，经济发达省份较多，即使需要承担更多的财政支出责任，但因经济发展水平比较高，引资竞争可能不倾向采用降低环境规制的手段，而且财政分权度高的地区，地方政府在财政支出方面享有更大的权利空间，受到环保考核、公众环保诉求的影响，地方政府在进行财政支出决策时更倾向于环境保护层面，在环境规制方面更愿意执行中央环保标准，完成中央考核指标。低财政分权分组中，三种影响因素交互作用同环境规制空间滞后项呈正相关，且在5%水平上通过显著性检验。这一结果表明，在财政支出分权度不高的地区，三大影响因素的共同作用，会造成环境规制的"竞相向下"的程度加剧。结合上文分析可知，财政分权度低的地区主要集中在经济欠发达地区，在财政收入和支出方面都相对有限，受到发展经济约束的影响，地方政府不得不采取放松环境规制的管理措施，提高流动资本的流入水平。在这些地区，经济发展相对于环境保护的重要性更高。

在控制变量方面，财政分权组的产业结构对环境规制影响不显著，低财政分权组的产业结构对环境规制在5%水平上显著为负，佐证了前文的论述，经济欠发达省份的地区的产业结构中第二产业占比较高，降低了环境规制标准。在财力与支出责任不匹配度方面，财政分权度高的地区的财力与支出责任不匹配度对环境规制影响不显著，但是在财政分权度低的地区的财力与支出责任不匹配度对环境规制影响在5%水平上显著为负，说明了财政分权度的高低并不必然影响环境规制水平，但是财力与支出责任的匹配程度影响环境规制水平,由此可以推断出,财力与支出责任的匹配程度在影响着环境规制水平,也在影响地方政府间环境规制竞争的状态,因此中国应该构建财力与支出责任匹配的财政体制。

第七章
研究结论、政策建议与研究展望

一、研究结论

党的二十大报告指出，必须牢固树立和践行绿水青山就是金山银山的理念，站在人与自然和谐共生的高度谋划发展。环境污染问题影响经济的可持续发展，而且会威胁到公众的生存环境和身体健康，因此必须采取措施来解决环境污染问题。环境规制是政府解决环境问题的重要工具，中国的环境管理体制决定了环境规制政策的制定方为中央政府，环境规制的执行主体是地方政府。

从制度层面看，地方政府的环境规制水平与财政分权体制有着千丝万缕的联系。财政分权的经济分权和政治集权塑造了地方政府间"为增长而竞争"的局面，在此发展背景下，地方政府会将环境规制水平当作吸引流动资本的手段，从而使地方政府间形成了环境规制竞争。尽管当前学术界中已寻找到环境规制竞争存在的证据，但相关研究结论并未达成共识。尤其是将其置于财政分权的体制下进行探讨，究竟是"竞相向下"还是"竞相向上"，仍存

财政分权体制下地方政府间环境规制竞争及其影响因素研究

有较大的争议,且很少有研究分析地方政府环境规制竞争的影响因素,而探讨影响因素是寻找使环境规制竞争弱化"竞相向下",趋向"竞相向上"或独立规制政策着力点的重要理论基础。

本书以上述问题为研究导向,将财政分权理论作为基本的理论,结合财政分权的经济和政治的双重属性提取对环境规制竞争产生显著影响的因素,把握彼此的内在关联构建理论分析框架。将熵值法运用在理论分析中,建立了环境规制综合指数;以演化博弈法为主要分析方法,深入探讨环境规制竞争采取不同策略背后的自发逻辑,构建基本理论假设;使用空间计量方法,结合选择 30 个省份 2004—2017 年的面板数据作为分析对象,对做出的假设进行实证检验;使用比较分析法,对中国的东、中、西三个区域的环境规制度、财政分权度的相关内容进行对比分析,得到相应的研究结论。在整个研究过程中,以提出问题为基本研究导向,在理论和实证分析的基础上,把握环境规制竞争的影响因素,并在此基础上提出完善的政策建议。经过研究后,得到以下结论:

第一,中国环境规制水平整体上呈"日益严格"状态且存在区域差异。具体来看,东部地区的环境规制呈现出"日益严格"的竞争状态,具有明显的积极效应;中部地区的环境规制先升后降,在一定时间段内,呈"日益严格"状态,超过某一时间节点以后,呈"日益放松"状态,最后呈现基本持平的状态;西部地区的环境规制,主要呈现出"日益放松"的发展状态,环境规制未能表现出积极效应。总体来看,东部水平最高,中部次之,西部最低,呈"东部—中部—西部"递减。

第二,地方政府间存在环境规制竞争,在外商投资水平相近的地区表现得最为明显,且逐渐由"竞相向下"的竞争状态向"独立规制"转变。分区域看,东部地区 2012 年以前,存在模仿性竞争,但是 2012 年以后,已经变为独立规制状态,中、西部地区的环境规制之间存在竞争,且属于"竞相向下"类型,但是2015以来,中、西部地区环境规制竞争强度有所减弱。

第三,地方政府环境规制竞争状态受引资竞争、环保考核和公众环保诉求三种因素共同影响。2004—2017年,全国的引资竞争整体上呈现波动性缓慢下降趋势,环保考核和公众环保诉求整体处于持续加强和稳步上升的发展状态。引资竞争、公众环保诉求以及环保考核的内容存在明显的区域一致性特征,具体表现为东部最高、中部次之、西部最低。

第四,"公众环保诉求"在当前已经发展成为影响环境规制竞争的重要因素,而且作为重要影响因素在当前的社会发展阶段很难被地方政府所忽略。2004—2017年,全国的引资竞争整体上呈现波动性缓慢下降趋势,环保考核和公众环保诉求整体上呈现稳步加强的状态,并且引资竞争、环保考核和公众环保诉求强度都存在区域异质性,呈现"东部—中部—西部"依次递减的状态。

第五,整体上,引资竞争加剧了地方政府之间环境规制的"竞相向下",环保考核和公众环保诉求弱化了环境规制的"竞相向下",但也存在区域异质性。东部地区采取的引资策略,在一定程度上影响了区域间的环境规制竞争性策略,即吸引流动资本的重要凭借在于良好的环境质量;公众环保诉求在一定程度上抑制了环境规制朝着"竞相向下"的竞争状态发展的趋势,环保考核因一直比较接近中央环保标准而对环境规制竞争无法发挥显著的影响作用。中、西部地区,激烈的引资竞争使得环境规制表现出更加明显的"竞相向下"特征,而环保考核则有抑制环境规制"竞相向下"的作用,但公众环保诉求依然无法起到弱化环境规制"竞相向下"的作用。根据这一结论可以看出,公众环保诉求在经济相对发达的地区更容易发挥作用。

第六,引资竞争、环保考核和公众环保诉求的共同作用削弱了环境规制的"竞相向下",且这种削弱效应在党的十八大以后变得越来越显著,但是在不同区域和财政分权度条件下每种因素发挥的作用程度存在着一定的差异。在各种政策的叠加下,三者发挥的协同作用更加明显,抑制效果更加显著,但也存在着区域和财政分权度的不同程度的差异。从区域分布来看,环保考核、公众环保诉求对环境规制"竞相向下"状态产生的抑制程度,表现出明显的"东—中—西"的依次递减的区域特征。西部地区三种影响因素共同作用促进了环境规制的"竞相向下",说明中央环保考核和公众环保诉求对环境规制的正向影响没有遏制西部地区引资竞争导致竞相降低环境规制标准的负向影响,由此可以推断,西部地区处在经济发展和环境保护的"两难"境地,在经济发展与环境保护之间,西部地区还是优先选择经济发展。从财政分权度讲,以支出计算的财政分权度越高的地区,引资竞争、环保考核、公众环保诉求三者共同作用有效遏制了环境规制"竞相向下"的竞争趋势;而在低财政分权度地区,三者共同作用加剧了地方政府之间环境规制的"竞相向下"。

第七,污染避难所假说在中国整体范围内是存在的,但是东部地区除外,经济发达的东部地区外商投资和环境质量的关系已经开始向"污染光环假说"发展。

二、政 策 建 议

(一)合理划分财力与支出责任,缓解地方财政收支压力

根据实证分析结果可以得出,"为增长而竞争"现象的存在,其主要原因在于地方财力划分与支出责任方面存在明显的不匹配问题。1994 年,中国通

过实施分税制将中央和地方财权进行了有效划分，但却缺乏对支出责任与事权的划分，造成地方政府收支责任不匹配的问题严重，不利于地方政府更好地发挥环境治理效能（杨志勇，2015）。党的十八届三中全会通过的《中共中央关于全面深化改革若干重大问题的决定》指出，中央与地方都要做好明晰事权的工作。2016 年，《国务院关于推进中央与地方财政事权和支出责任划分改革的指导意见》再次重申加强中央事权，做好中央和地方的财政事权划分工作。

这两个文件的出台，对中央和地方政府提出了一些要求：一是要快速理顺地方政府支出不合理的文件或规章制度，从法律法规等层面明确地方事权和支出责任，为其提供法律支撑。二是提高地方财政收入，鼓励地方政府通过多种渠道来筹措资金。第一，完善地方税体系。在过去几年里，中国完成了"营改增"改革，随着营业税的退出，地方政府在财政收入方面的压力增加。可以参照国际的成功经验，快速推进房地产税立法，在时机成熟的时候推出遗产税。明确环保税的遵守标准和适用范围，将森林、草场等自然资源纳入征税范围内，构建更加完善的地方税制体系。第二，赋予地方政府税收管理权。在现行的财政分权制度下，地方政府不具备税收的立法权与征管权，无法根据实际的地方收支情况统筹规划，制定合理的征收措施。第三，完善转移支付制度。从当前来看，我国转移支付的问题还较为突出，专项支出规模大和一般支出规模小等问题并存，专项转移支付使用限制严格，无法充分发挥转移支付带动公共服务均等化的作用。因此，优化转移支付结构成为必然举措，一般性转移支付在整个转移支付中的占比要有所提高，确保整体资金的使用效率提升。注重区域间的协调发展，对中西部地区给予更大的转移支付支持。在条件允许的情形下，探索横向转移支付模式与制度，并完善生态补偿制度，构建科学的生态补偿体系。第四，适当放开环保领域的资本进入条件,可以通过发行市政环保债券的方式,更好地筹措环保资金,发挥多方力量做好环保工作。

(二)围绕绿色GDP考核体系构建长效行政问责机制

根据上文分析可以看出,地方政府的财政支出行为会在很大程度上受到中央政府考核体系的约束。在财政分权的背景下,以往采取的以GDP为代表的政绩考核体系,造成了地方政府"为增长而竞争"的局面。党的十八大以后,中央政府对环境治理给予高度重视,地方官员考核体制被大幅调整,尤其是绿色GDP考核体系的建立,显著地遏制了"竞相向下"的环境规制竞争行为。为此,要在此基础上完善以下工作:

一是将环保考核的标准制定、权重分配和结果运用纳入相应的法律体系当中。在《环境保护法》修订中增设"政绩考核"专章,明确将生态环境质量指标纳入党政领导干部政绩考核体系的核心权重区间,通过立法形式确立"生态优先、绿色发展"的考核导向。配套制定《生态文明绩效考核条例》,建立覆盖省、市、县三级的差异化考核指标库,针对主体功能区定位设置森林覆盖率、万元GDP能耗、碳排放强度等特色指标。真正发挥环保考核对激励作用,改变传统GDP考核形势下激励错配的局面,引导地方干部形成良好的环保意识,确保环保治理工作常抓不懈。

二是考核问责机制常态化。2016年,在中国首次推出环保约谈和督查行动,标志着中国逐渐步入运动式治理阶段。吴建祖和王蓉娟(2019)发现,短期内环保约谈能够显著改善环境治理效果,但却存在长期边际效益递减问题。因此,为了进一步保证环保督察作用的持续发挥,有必要将《中央环保督察方案》升级为《环境保护督察条例》,从立法层面为环保督查、问责提供支持。

三是量化绿色考核指标并严格审计监督。对环境质量改善、社会公众评价、生态效益和环境风险等方面指标的执行情况进行全面审计,将离任审计与任中审计应用在生态环境履职监督过程中,不断推进绿色考核体系的常态化和长效化。

四是提高环保考核结果运用效果。上级政府应当进一步提高环保检查力度,制定阶段性环保考核结果,并将其与官员的留任和晋升挂钩,公开通报检查结果,明确奖惩执行情况,依据环保考核设定的权重值,将对应的指标纳入官员政绩考核成绩中,作为官员的晋升评定标准和依据。对辖区内环保绩效不达标、出现重大环境甚至事故等问题,要追究主要领导干部的责任,给予相应的行政处分,以驱动"生态经济型"政府模式的形成与发展。中央层面设立"绿水青山贡献奖",对连续三年考核优秀的地区给予财政转移支付倾斜。在干部选拔中对重大生态治理创新者开辟破格提拔通道。探索建立领导干部生态责任年金制度,将任期环保绩效与退休后待遇挂钩。

五是创新考核工具。运用大数据、区块链技术构建"生态云考核系统"开发数字化考核平台。整合卫星遥感监测、地面传感网络、企业排污在线数据,建立全链条数据溯源机制。引入 AI 智能分析模块,自动生成月度生态体检报告,对空气质量优良天数比例、河流水质达标率等关键指标进行动态预警。

(三)拓宽公众监督渠道并完善公众意见表达和反馈

环境保护的原始动力来自公众,公众是环境利益的主要代表,是良好环境的受益人,也是环境质量恶化的受害者,有保护环境的内在动力。根据前文的分析可以看出,公众环保诉求在当前已经具备抑制地方政府"竞相向下"环境规制竞争的条件,因此可以构建以工作满意度为基础的地方绩效考核指标体系,形成上下联动的考核机制。具体而言,一方面,需系统性提升人

财政分权体制下地方政府间环境规制竞争及其影响因素研究

大监督效能。第一,要加大人民代表大会监督权限,通过立法明确赋予各级人大对重大环境决策的否决权,赋予人民代表大会更大的人事任免权,建立政府环境履职专项报告制度,并依托大数据平台实现污染源实时监测与人大联网监督,从而更好地约束地方官员做出积极的环境治理决策。第二,要推行关键岗位环保差额选举试点,同步建立人大代表专业评估委员会,从"数据量化+群众满意度"双维度评估官员履职成效。第三,需构建人大监督与纪检监察的联动机制,对履职不力者实施"黄牌警示、红牌罢免"的刚性约束,形成黄牌警示、红牌罢免(决策受监督、失职必追责)的闭环治理体系,倒逼地方官员将生态责任转化为施政自觉。另一方面,发挥公民组织作用。第一,建立结构化公民参与机制。各社区应依法备案成立环境监督委员会,成员经公开遴选涵盖环保专家、社区代表及利益相关方,赋予其调查取证权、决策建议权。第二,地方政府还应当加强环保宣传教育工作。将生态文明教育纳入干部培训和国民教育体系,开发 AR 环境模拟课程,建立"碳积分"激励机制。地方政府应与新媒体合作打造"环境透明云"平台,实时披露空气质量、企业排污等核心数据,采用区块链技术确保溯源可信。第三,健全制度性参与保障。在《环境保护法》修订中增设"公民环境权"专章,明确公众对规划环评的司法救济权。建立环境信息分级披露制度,对 PM2.5 来源解析等技术报告进行可视化解读,编制多语种科普手册。第四,打造智慧化协同治理平台。开发"环境众包"APP,设置污染举报、政策建议、志愿服务三大模块,建立积分兑换环保产品机制。建立政策响应指数,将 12369 环保举报响应速度、群众诉求办结率纳入地方绩效考核,形成"监测—预警—响应—评估"的闭环管理。第五,深化户籍制度改革,为"用脚投票"的实现奠定良好的制度基础;构建以人民群众满意度为中心的环保政策评价体系,充分发挥社会公众、中央政府与地方政府在环境规制中的主体作用,形成多方治理的良好发展格局。

（四）以生态环境部门垂直管理契机理顺环境治理体制

地方生态环境部门负责开展环境保护和环境污染治理指导工作，是环境管理工作的核心部门，日常负责环境信息收集、环境资源检测和环境统计工作，协调地方部门和跨区域或流域等多个主体在环境治理中的利益关系，针对各个区域的重大环境问题制定具体的指导和协调方案，对超标准排污企业进行严格监管和依法依规处罚。2016 年以前，中央政府赋予地方生态环保部门各项管理权限，地方生态环保部门又同时在纵向和横向上受到多个部门领导。一方面，他们从属于上级生态环境部门，接受相应部门的业务指导。另一方面地方政府对当地生态环保部门工作人员的人员编制、岗位和职务晋升甚至工作经费的划拨有直接管辖权。上级部门同地方政府在实际的管理过程中，一旦出现业务冲突，接受双重领导的生态环保部门就会左右为难，在进行环境执法时，顾此失彼，瞻前顾后。双重管理体制的存在导致环境执法丧失一定的权威性，环保工作人员的工作也缺乏独立性。党的十八大报告首次将"加强生态文明制度建设"纳入其中并给予重点关注。随后在召开的中共十八届三中全会上正式通过《中共中央关于全面深化改革若干重大问题的决定》，明确提出将推动生态环境保护管理体制改革作为一段时间内的重点工作。其中还专门明确构建严格的污染物排放监管制度，赋予环保部门独立执法和环境监管权利。为此，在随后制定的"十三五"规划中，明确提出省以下环保机构实施垂直管理制度。

2016 年，《关于省以下环保机构监测监察执法垂直管理制度改革试点工作的指导意见》颁布实施，原有的环境监测管理体系被大幅调整，省级生态环境部门负责对下级执行统一监察。当前，在全国范围内已有 12 个省份完成试点工作。因此可以将此次改革试点当作生态环境部门治理体系优化的

财政分权体制下地方政府间环境规制竞争及其影响因素研究

工作契机,提高环境监察和监督执法的权威性。

一是理顺地方政府与生态环境部门在环境管理方面的权责。将地方政府管辖区域内的环境保护工作权限收缴由生态环境部门统一监管,确定多元主体在其中的主次责任,合理分配监督执法权和监管权。

二是明确各个层级生态环境部门执法权限。在纵向权限划分上,国家层面生态环境部门应聚焦战略制定、标准修订及跨区域案件督办,赋予其直接调查中央企业、调配跨省执法力量的特权;省级部门侧重重大案件稽查与区域协调,授予封存扣押高污染设备、实施限产停产等强制措施权;市县级机构则强化日常监管执行,配备移动执法终端及快速检测设备,赋予其对中小企业环境违法行为的现场处罚权。在横向权力配置上,环境监察机构独立行使现场检查权,采用"双随机一公开"与重点监管相结合模式;环境稽查部门专司行政处罚,推行"调查–审理–执行"三分离制度;环境监测机构负责技术支撑,其数据直接接入司法系统作为证据使用,构建权责匹配的执法体系,确保执法的独立、严格和科学。

三是完善环境工作综合协调机构。考虑到生态文明建设工作的复杂性,在解决特定问题时可以成立跨部门的管理机构,对环境管理事项积极统筹协调,确保地方政府与环境职能部门的信息共享和步调一致。一方面,在省级层面设立"生态文明建设委员会",由常务副职领导担任主任,统筹发改、生态、住建、农业、水利等12个部门成立专项办公室。该机构建立"三协同"工作机制,第一,政策协同,通过季度联席会议制度,联合制定跨领域环境治理方案;第二,数据协同,依托智慧环保云平台,打通生态环境监测、企业排污许可、自然资源确权等8大类数据库;第三,执法协同,组建联合执法专班,对重点流域、工业园区实施"环保+公安+检察"三位一体监管。另一方面,设立环境政策冲突调解委员会,由法学专家、行业代表和社区工作者组成,及时化解政策执行中的矛盾。通过构建这种纵横贯通、多元共治的环境治理架构，才能真正打破部门壁垒和区域界限，形成生态文明建设的制度合力。

（五）根据地区差异制定经济指标权重和环境规制政策

地区差异的客观存在，造成了环境规制强度、环境规制竞争类型都存在差异，因此在设计环境规制政策时，要充分考虑到地区差异，从差异化的视角出发。第一，对于环境比较敏感且经济发展比较落后的地区，中央应适当降低对其经济发展指标比重的考核。一是构建生态转移支付动态调整机制，参考财政部《重点生态功能区转移支付办法》，按年度生态保护红线面积、水源涵养量等指标增幅给予阶梯式奖励；二是创新绿色金融支持政策，允许生态产品价值核算成果纳入银行质押品目录，试点发行生态修复专项债券；三是设立国家公园特许经营制度，如三江源国家公园试点牧民生态管护公益岗位，实现生态保护与民生改善双赢。通过建立"生态补偿+产业置换"政策包，确保生态保护区群众收入增幅不低于全省平均水平。第二，赋予东部地区地方政府更大的自由裁量空间，以保证地方政府能够根据实际发展需要调整环境规制强度和手段，在坚守环境规制政策原则的基础上提高环境规制政策的灵活性。一是实施环境标准动态调整机制，允许省级政府在国标基础上上浮 30%污染物排放限值，如江苏省对电子行业挥发性有机物排放实施特别排放限值；二是建立环境信用修复制度，对完成超低排放改造的企业给予 12 个月监管"观察期"，期间环境行政处罚可暂不纳入信用记录；三是推广"环境规制沙盒"试点，在自贸试验区开展排污权跨境交易、碳金融衍生品等制度创新。同时强化"数字监管"技术支撑，建设覆盖重点园区的"环保电子围栏"，运用无人机巡航、污染源指纹图谱等技术手段，确保弹性规制不突破环境质量底线。第三，调整产业结构。改变中西部地区现行的第二产业为主的发展结构,优化产业结构转型升级,推动现代服务业发展,鼓励节能环保事业,推动传统制造业朝着绿色、低碳、节能方向转型发展。在传统产业轴,建立"环保绩效分级管控"制度,对钢铁、电解铝等行业实施"超低排放—绿色改造—落后淘汰"递进式整治,设立 200 亿元产业绿色化改造基金;在新兴产业轴,培育"生态+"产业集群,如贵州大数据中心配套发展智慧环保服务业,青海锂资源开发同步构建电池回收体系。同时完善转型保障机制,将产业绿色化率纳入地方政府专项考核,在国家级新区试点环境要素"先用后补"审批改革,建立东西部环保产业协作平台,实现技术、资本、人才的跨区域优化配置。第四,发挥财政补贴或税收支持的激励效应,为中西部地区技术创新投入提供财力保障。鼓励企业优化工艺流程,提高产品创新水平,降低资源消耗率和能源使用量,保证经济发展和环境保护的有效兼顾。第五,因地制宜,制定差异化的环境规制竞争策略。可以充分依托现有的资源优势,根据不同区域的要素禀赋条件,制定差异化的博弈策略,多渠道和多途径提升经济发展水平。

三、研究展望

第一,在实证研究部分,本书在研究中使用省级面板数据进行空间杜宾模型分析,分析出地方政府在环境规制竞争方面的差异,并明确了相关影响因素。整个研究是建立在宏观数据分析基础之上,并未深入到微观的县级、村镇级层面,而实际在研究环境问题时,县级地方政府的行为决策尤为重要,张五常曾说过,"县级政府间的引资竞争甚至成为中国经济发展的主要动力"。因此,如果能够将研究内容细分至县级层面,必定能够进一步充实整个分析内容,提高研究的说服力。在今后的研究中,研究者可以尝试收集地市级和县级环境规制数据,深入实地调研,将收集得到的数据进行分析后与本书的结论进行对比,以验证研究结论的准确性,提高研究的说服力。

第二,本书从整体上得出了环保考核和公众环保诉求对抑制环境规制"竞相向下"竞争的有效性,但是由于环保考核是中央强制推行的,这种效果是否具有长效性,还是只在中央政府加强环保考核期间有效,本书没有得出定论。未来的研究应对环保考核、公众环保诉求和引资竞争对环境规制竞争影响的长期效应做预测分析,以期为政府决策部门提供有力的决策咨询。

第三,本书在研究中仅仅探讨了三大影响因素对环境规制竞争的影响,并未深入地探讨彼此之间的影响机制,无法把握引资竞争、环保考核和公众环保诉求对环境规制竞争的影响是否存在中介效应等。在后续的研究中,需要围绕上述内容厘清逻辑链条,进行持续探索和继续研究。

参考文献

一、中文文献

1.白俊红、路嘉煜:《财政分权对环境污染的影响机制研究》,《政治经济学报》,2017 年第 3 期。

2.包群、邵敏、杨大利:《环境管制抑制了污染排放吗？》,《经济研究》,2013 年第 12 期。

3.薄文广、徐玮、王军峰:《地方政府竞争与环境规制异质性:逐底竞争还是逐顶竞争？》,《中国软科学》,2018 年第 11 期。

4.贲友红、李向东:《财政分权与环境污染——基于空间计量的实证分析》,《中国科技论坛》,2017 年第 6 期。

5.卞元超、白俊红:《"为增长而竞争"与"为创新而竞争"——财政分权对技术创新影响的一种新解释》,《财政研究》,2017 年第 10 期。

6.蔡昉、都阳、王美艳:《经济发展方式转变与节能减排内在动力》,《经济研究》,2008 年第 6 期。

7.蔡琳:《高校科技创新指标体系构建与评价方法研究》,暨南大学博士论文,2018 年。

8.曹鸿杰、卢洪友、潘星宇:《地方政府环境支出行为的空间策略互动研究——传导机制与再检验》,《经济理论与经济管理》,2020 年第 1 期。

9.常文涛、周新建:《财政分权、环境规制与雾霾污染防治——基于反公地悲剧视角》,《学习与探索》,2023 第 3 期。

10.陈佳贵、黄群慧、钟宏武:《中国地区工业化进程的综合评价和特征分析》,《经济研究》,2006 年第 6 期。

11.陈明星、陆大道、张华:《中国城市化水平的综合测度及其动力因子分析》,《地理学报》,2009 年第 4 期。

12.陈思霞、卢洪友:《辖区间竞争与策略性环境公共支出》,《财贸研究》,2014 年第 1 期。

13.陈银娥、孙琼:《中国基础设施发展水平测算及影响因素——基于省级面板数据的实证研究》,《经济地理》,2016 年第 8 期。

14.陈宇、闫倩倩、王洛忠:《府际关系视角下区域环境政策执行偏差研究——基于博弈模型的分析》,《北京理工大学学报》(社会科学版),2019 年第 5 期。

15.陈钊、徐彤:《走向"为和谐而竞争":晋升锦标赛下的中央和地方治理模式变迁》,《世界经济》,2011 年第 9 期。

16.陈卓、潘敏杰:《雾霾污染与地方政府环境规制竞争策略》,《财经论丛》,2018 年第 7 期。

17.初钊鹏、卞晨、刘昌新等:《雾霾污染、规制治理与公众参与的演化仿真研究》,《中国人口资源与环境》,2019 年第 7 期。

18.初钊鹏、刘昌新、朱婧:《基于集体行动逻辑的京津冀雾霾合作治理演化博弈分析》,《中国人口·资源与环境》,2017 年第 9 期。

19.崔鑫生、韩萌、方志:《动态演进的倒"U"型环境库兹涅茨曲线》,《中国人口·资源与环境》,2019 年第 9 期。

20.崔亚飞、刘小川:《中国省级税收竞争与环境污染——基于 1998—2006 年面板数据的分析》,《财经研究》,2010 年第 4 期。

21.邓明:《中国地区间市场分割的策略互动研究》,《中国工业经济》,2014 年第 2 期。

22.邓彦龙、王旻:《公众诉求对地区环境治理的门槛效应研究》,《生态经济》,2017 年第 12 期。

23.丁鹏程、孙玉栋、梅正午:《财政分权、地方政府行为与环境污染——基于 30 个省份 SO_2 排放量的实证研究》,《经济问题探索》,2019 年第 11 期。

24.范跃民、余一明、孙博文:《旅游业收入增长对旅游业碳排放存在非线性影响吗?——基于环境库兹涅茨曲线(EKC)的拓展分析》,《华南师范大学学报》(社会科学版),2019 年第 3 期。

25.冯严超、王晓红:《中国式财政分权、地方政府竞争与循环经济绩效——基于动态广义空间模型的分析》,《上海对外经贸大学学报》,2019 年第 2 期。

26.弗里德利·冯·哈耶克、邓正来:《自由秩序原理》,生活·读书·新知三联书店,1997 年。

27.傅勇、张晏:《中国式分权与财政支出结构偏向:为增长而竞争的代价》,《管理世界》,2007 年第 3 期。

28.高明、郭施宏、夏玲玲:《大气污染府际间合作治理联盟的达成与稳定——基于演化博弈分析》,《中国管理科学》,2016 年第 8 期。

29.高明、廖梦灵:《雾霾治理中的协作机制研究:基于演化博弈分析》,《运筹与管理》,2020 年第 5 期。

30.关海玲、王玉、张华玮:《政府,企业,公众三者间的演化博弈——基于环境规制视角》,《商业研究》,2022 年第 1 期。

31.韩国高、张超:《财政分权和晋升激励对城市环境污染的影响——兼论绿色考核对我国环境治理的重要性》,《城市问题》,2018 年第 2 期。

32.韩晓明、王洪燕、HANXiao-ming 等:《基于熵值法的高校科技创新能力评价》,《北京工业大学学报》(社会科学版),2015 年第 1 期。

33.郝杨、王成璋:《中央政府与地方政府在环境治理中的博弈分析》,《世界科技研究与发展》,2010 年第 4 期。

34.黄万华、王娟、何立华等:《环境规制竞争对区域环境质量影响机理的博弈分析》,《统计与决策》,2015 年第 22 期。

35.黄智淋、成禹同、董志勇:《通货膨胀与经济增长的非线性门限效应——基于面板数据平滑转换回归模型的实证分析》,《南开经济研究》,2014 年第 4 期。

36.霍伟东、李杰锋、陈若愚:《绿色发展与 FDI 环境效应——从"污染天堂"到"污染光环"的数据实证》,《财经科学》,2019 年第 4 期。

37.姜珂、游达明:《基于央地分权视角的环境规制策略演化博弈分析》,《中国人口·资源与环境》,2016 年第 9 期。

38.蒋德权、姜国华、陈冬华:《地方官员晋升与经济效率:基于政绩考核观和官员异质性视角的实证考察》,《中国工业经济》,2015 年第 10 期。

39.蒋伏心、王竹君、白俊红:《环境规制对技术创新影响的双重效应——基于江苏制造业动态面板数据的实证研究》,《中国工业经济》,2013 年第 7 期。

40.蒋勇、杨巧:《分权视角下环境规制竞争对就业的影响——基于省际空间面板模型的分析》,《大连理工大学学报》(社会科学版),2019 年第 6 期。

41.金刚、沈坤荣:《以邻为壑还是以邻为伴?——环境规制执行互动与城市生产率增长》,《管理世界》,2018 年第 12 期。

42.阚大学、吕连菊:《对外贸易、地区腐败与环境污染——基于省级动态面板数据的实证研究》,《世界经济研究》,2015 年第 1 期。

43.黎文靖、郑曼妮:《空气污染的治理机制及其作用效果——来自地级市的经验数据》,《中国工业经济》,2016 年第 4 期。

44.李伯涛、马海涛:《分权视角下的中国环境税收体系设计研究》,《财政研究》,2015 年第 7 期。

45.李俊杰、张红:《地方政府间治理空气污染行为的演化博弈与仿真研究》,《运筹与管理》,2019 年第 8 期。

46.李玲、陶锋:《中国制造业最优环境规制强度的选择——基于绿色全要素生产率的视角》,《中国工业经济》,2012 年第 5 期。

47.李猛:《财政分权与环境污染——对环境库兹涅茨假说的修正》,《经济评论》,2009 年第 5 期。

48.李平、慕绣如:《波特假说的滞后性和最优环境规制强度分析——基于系统 GMM 及门槛效果的检验》,《产业经济研究》,2013 年第 4 期。

49.李胜兰、初善冰、申晨:《地方政府竞争、环境规制与区域生态效率》,《世界经济》,2014 年第 4 期。

50.李胜文、李新春、杨学儒:《中国的环境效率与环境管制——基于 1986—2007 年省级水平的估算》,《财经研究》,2010 年第 2 期。

51.李树、陈刚:《环境管制与生产率增长——以 APPCL2000 的修订为例》,《经济研究》,2013 年第 1 期。

52.李拓:《土地财政下的环境规制"逐底竞争"存在吗?》,《中国经济问题》,2016 年第 5 期。

53.李香菊、赵娜:《税收竞争如何影响环境污染——基于污染物外溢性属性的分析》,《财贸经济》,2017 年第 11 期。

54.李永友、沈坤荣:《我国污染控制政策的减排效果——基于省际工业污染数据的实证分析》,《管理世界》,2008 年第 7 期。

55.李郁芳、李项峰:《地方政府环境规制的外部性分析——基于公共选择视角》,《财贸经济》,2007 年第 3 期。

56.李智超、刘少丹、杨帆:《环保督察、政商关系与空气污染治理效果——基于中央环保督察的准实验研究》,《公共管理评论》,2021 年第 4 期。

57.林伯强:《中国二氧化碳的环境库兹涅茨曲线预测及影响因素分析》,《管理世界》,2009 年第 4 期。

58.林季红、刘莹:《内生的环境规制:"污染天堂假说"在中国的再检验》,《中国人口·资源与环境》,2013 年第 1 期。

59.刘海英、李勉:《财政分权下的环境污染效应研究》,《贵州省党校学报》,2017 年第 5 期。

60.刘华军、闫庆悦、孙曰瑶:《中国二氧化碳排放的环境库兹涅茨曲线——基于时间序列与面板数据的经验估计》,《中国科技论坛》,2011 年第 4 期。

61.刘建民、陈霞、吴金光:《财政分权、地方政府竞争与环境污染——基于 272 个城市数据的异质性与动态效应分析》,《财政研究》,2015 年第 9 期。

62.刘建民、王蓓、陈霞:《财政分权对环境污染的非线性效应研究——基于中国 272 个地级市面板数据的 PSTR 模型分析》,《经济学动态》,2015 年第 3 期。

63.刘洁、李文:《中国环境污染与地方政府税收竞争——基于空间面板数据模型的分析》,《中国人口·资源与环境》,2013 年第 4 期。

64.刘荣茂、张莉侠、孟令杰:《经济增长与环境质量:来自中国省际面板数据的证据》,《经济地理》,2006 年第 3 期。

65.刘帅、杨刚强:《环境规制竞争与污染治理》,《首都经济贸易大学学报》,2019 年第 2 期。

66.龙小宁、朱艳丽、蔡伟贤:《基于空间计量模型的中国县级政府间税收竞争的实证分析》,《经济研究》,2014 年第 8 期。

67.陆凤芝、杨浩昌:《环境分权、地方政府竞争与中国生态环境污染》,《产业经济研究》,2019 年第 4 期。

68.罗富政、罗能生:《政府竞争、市场集聚与区域经济协调发展》,《中国软科学》,2019 年第 9 期。

69.罗能生、蒋雨晴:《地方政府竞争及对外开放对环境污染的影响——以中国 270 个城市为例》,《城市问题》,2017 年第 12 期。

70.吕开宇、李春肖、张崇尚:《基于主成分分析法和熵值法的地区农业保险发展水平分析:来自 2008—2013 年中国省级层面的数据》,《农业技术经济》,2016 年第 3 期。

71.马本、郑新业、张莉:《引资竞争、受益外溢与地方政府环境监管失灵——基于地级市高阶空间计量模型的效应评估》,《世界经济文汇》,2018 年第 6 期。

72.马春文、武赫:《地方政府竞争与环境污染》,《财经科学》,2016 年第 8 期。

73.马骏、李亚芳:《长江经济带环境库兹涅茨曲线的实证研究》,《南京工业大学学报》(社会科学版),2017 年第 1 期。

74.马树才、李国柱:《中国经济增长与环境污染关系的 Kuznets 曲线》,《统计研究》,2006 年第 8 期。

75.聂普焱、黄利:《环境规制对全要素能源生产率的影响是否存在产业异质性?》,《产业经济研究》,2013 年第 4 期。

76.潘峰、西宝、王琳：《地方政府间环境规制策略的演化博弈分析》，《中国人口·资源与环境》，2014年第6期。

77.潘峰、西宝、王琳：《环境规制中地方政府与中央政府的演化博弈分析》，《运筹与管理》，2015年第3期。

78.潘鹤思、李英、柳洪志：《央地两级政府生态治理行动的演化博弈分析——基于财政分权视角》，《生态学报》，2019年第5期。

79.彭皓玥：《公众权益与跨区域生态规制策略研究——相邻地方政府间的演化博弈行为分析》，《科技进步与对策》，2016年第7期。

80.彭水军、包群：《经济增长与环境污染——环境库兹涅茨曲线假说的中国检验》，《财经问题研究》，2006年第8期。

81.彭小兵、涂君如：《中国式财政分权与环境污染——环境群体性事件的经济根源》，《重庆大学学报》（社会科学版），2016年第6期。

82.钱争鸣、刘晓晨：《环境管制与绿色经济效率》，《统计研究》，2015年第7期。

83.乔宝云、范剑勇、冯兴元：《中国的财政分权与小学义务教育》，《中国社会科学》，2005年第6期。

84.邵帅、李欣、曹建华、杨莉莉：《中国雾霾污染治理的经济政策选择——基于空间溢出效应的视角》，《经济研究》，2016年第9期。

85.沈坤荣、付文林：《税收竞争、地区博弈及其增长绩效》，《经济研究》，2006年第6期。

86.沈能：《环境效率、行业异质性与最优规制强度——中国工业行业面板数据的非线性检验》，《中国工业经济》，2012年第3期。

87.石琳：《EKC曲线的再检验——基于城市生活垃圾的分析》，《经济问题探索》，2019年第1期。

88.史贝贝:《环境治理与引资行为之间的多重困境:理论和实证》,《西北大学》,2019年。

89.宋凌云、王贤彬、徐现祥:《地方官员引领产业结构变动》,《经济学》(季刊),2013年第1期。

90.苏为华、张崇辉:《关于异质性假说的中国EKC再检验》,《统计研究》,2011年第12期。

91.孙开、张磊:《政府竞争、财政压力及其调节作用研究——以地方政府财政支出偏向为视角》,《经济理论与经济管理》,2020年第5期。

92.孙伟增、罗党论、郑思齐、万广华:《环保考核、地方官员晋升与环境治理——基于2004—2009年中国86个重点城市的经验证据》,《清华大学学报》(哲学社会科版),2014年第4期。

93.孙晓华、袁方、翟钰等:《政企关系与中央环保督察的治理效果》,《世界经济》,2022年第6期。

94.孙学敏、王杰:《环境规制对中国企业规模分布的影响》,《中国工业经济》,2014年第12期。

95.谭志雄、张阳阳:《财政分权与环境污染关系实证研究》,《中国人口·资源与环境》,2015年第4期。

96.唐丽萍:《中国地方政府竞争中的地方治理研究》,上海人民出版社,2010年。

97.唐睿、刘红芹:《从GDP锦标赛到二元竞争:中国地方政府行为变迁的逻辑——基于1998—2006年中国省级面板数据的实证研究》,《公共管理报》,2012年第1期。

98.田时中、张浩天、李雨晴:《税收竞争对中国环境污染的影响的实证检验》,《经济地理》,2019年第7期。

99.田时中:《财政分权视角下中国环境污染综合评价:1998—2015——基于省际工业污染面板数据的实证》,《华东经济管理》,2017 年第 5 期。

100.万建香、梅国平:《社会资本可否激励经济增长与环境保护的双赢?》,《数量经济技术经济研究》,2012 年第 7 期。

101.汪克亮、赵斌、丁黎黎等:《财政分权、政府创新偏好与雾霾污染》,《中国人口·资源与环境》,2021 年第 5 期。

102.汪伟全:《论府际管理:兴起及其内容》,《南京社会科学》,2005 年第 9 期。

103.王斌:《环境污染治理与规制博弈研究》,《首都经济贸易大学》,2013年。

104.王凤荣、苗妙:《税收竞争、区域环境与资本跨区流动——基于企业异地并购视角的实证研究》,《经济研究》,2015 年第 2 期。

105.王洪庆:《人力资本视角下环境规制对经济增长的门槛效应研究》,《中国软科学》,2016 年第 6 期。

106.王华春、平易、崔伟:《地方政府环境保护支出竞争的空间效应研究》,《广东财经大学学报》,2019 年第 4 期。

107.王华春、崔伟、平易:《为环保而竞争:地方政府竞争的新解析》,《兰州学刊》,2020 年第 2 期。

108.王华春、刘腾飞、崔伟:《财政环保支出、地方政府竞争与环境污染治理——基于中国 284 个城市的实证研究》,《城市问题》,2022 年第 4 期。

109.王书斌、徐盈之:《环境规制与雾霾脱钩效应——基于企业投资偏好的视角》,《中国工业经济》,2015 年第 4 期。

110.王宇澄:《基于空间面板模型的我国地方政府环境规制竞争研究》,《管理评论》,2015 年第 8 期。

111.王育宝、陆扬:《财政分权、税收负担与区域生态环境质量》,《北京理工大学学报》(社会科学版),2020 年第 3 期。

112.王周伟、崔百胜、张庆元:《空间计量经济学》,北京大学出版社,2017 年。

113.吴建南、徐萌萌、马艺源:《环保考核、公众环保诉求和治理效果:来自 31 个省级行政区的证据》,《中国行政管理》,2016 年第 9 期。

114.吴建祖、王蓉娟:《环保约谈提高地方政府环境治理效率了吗? ——基于双重差分方法的实证分析》,《公共管理学报》,2019 年第 1 期。

115.吴玉鸣、石欢:《双碳背景下环境规制对企业创新的影响——基于中国省级面板数据的实证研究》,《生态经济》,2023 年第 3 期。

116.向永辉、陈庆能:《污染避难所假说和林德假说——基于中国的实证研究》,《经济经纬》,2018 年第 1 期。

117.肖超、肖挺:《财政分权对我国环境污染的影响——基于产业结构和经济发展水平的视角》,《华东经济管理》,2019 年第 11 期。

118.徐现祥、王贤彬:《晋升激励与经济增长:来自中国省级官员的证据》,《世界经济》,2010 年第 2 期。

119.许和连、邓玉萍:《外商投资导致了中国的环境污染吗? ——基于中国省际面板数据的空间计量研究》,《管理世界》,2012 年第 2 期。

120.许松涛、肖序:《环境规制降低了重污染行业的投资效率吗?》,《公共管理学报》,2011 年第 3 期。

121.薛钢、潘孝珍:《财政分权对中国环境污染影响程度的实证分析》,《中国人口·资源与环境》,2012 年第 1 期。

122.杨海生、陈少凌、周永章:《地方政府竞争与环境政策——来自中国省份数据的证据》,《南方经济》,2008 年第 6 期。

123.杨志勇:《分税制改革中的中央和地方事权划分研究》,《经济社会体制比较》,2015年第2期。

124.姚公安:《地方税收竞争与辖区工业污染的关系》,《税务与经济》,2014年第6期。

125.姚孟仙、张寒松:《财政分权对环境污染的影响研究——基于中国西部省区的数据》,《生产力研究》,2019年第12期。

126.姚洋、张牧扬:《官员绩效与晋升锦标赛——来自城市数据的证据》,《经济研究》,2013年第1期。

127.于文超、高楠、龚强:《公众诉求、官员激励与地区环境治理》,《浙江社会科学》,2014年第10期。

128.余东华、胡亚男:《环境规制趋紧阻碍中国制造业创新能力提升吗?——基于"波特假说"的再检验》,《产业经济研究》,2016年第2期。

129.余东华、邢韦庚:《政绩考核、内生性环境规制与污染产业转移——基于中国285个地级以上城市面板数据的实证分析》,《山西财经大学学报》,2019年第5期。

130.余升国、赵秋银、许可:《博弈视角下中国地方政府环境规制竞争——来自省际层面的空间分析证据》,《海南大学学报》,2022年第2期。

131.余伟、陈强、陈华:《环境规制、技术创新与经营绩效——基于37个工业行业的实证分析》,《科研管理》,2017年第2期。

132.余泳泽、林彬彬:《偏向性减排目标约束与技术创新——"中国式波特假说"的检验》,《数量经济技术经济研究》,2022年第11期。

133.余长林、高宏建:《环境管制对中国环境污染的影响——基于隐性经济的视角》,《中国工业经济》,2015年第7期。

134.张彩云、苏丹妮、卢玲:《政绩考核与环境治理——基于地方政府间策略互动的视角》,《财经研究》,2018年第5期。

135.张成、陆旸、郭路等:《环境规制强度和生产技术进步》,《经济研究》,2011 年第 2 期。

136.张根能、张玉果、沈婧雯:《中国财政分权对环境污染的影响研究——基于省级面板数据的分析》,《生态经济》,2016 年第 5 期。

137.张恒龙、陈宪:《财政竞争对地方公共支出结构的影响——以中国的招商引资竞争为例》,《经济社会体制比较》,2006 年第 6 期。

138.张江雪:《环境规制对中国工业绿色增长指数的影响》,《中国人口·资源与环境》,2015 年第 25 期。

139.张军、高远、傅勇、张弘:《中国为什么拥有了良好的基础设施?》,《经济研究》,2007 年第 3 期。

140.张军:《中国经济发展:为增长而竞争》,《世界经济文汇》,2005 年第 4 期。

141.张可、汪东芳、周海燕:《地区间环保投入与污染排放的内生策略互动》,《中国工业经济》,2016 年第 2 期。

142.张卫东、汪海:《我国环境政策对经济增长与环境污染关系的影响研究》,《中国软科学》,2007 年第 12 期。

143.张文彬、张理芃、张可云:《中国环境规制强度省际竞争形态及其演变——基于两区制空间 Durbin 固定效应模型的分析》,《管理世界》,2010 年第 12 期。

144.张五常:《中国的经济制度》,中信出版社,2009 年。

145.张晏、龚六堂:《分税制改革、财政分权与中国经济增长》,《经济学(季刊)》,2005 年第 1 期。

146.张征宇、朱平芳:《地方环境支出的实证研究》,《经济研究》,2010 年第 5 期。

147.赵霄伟：《地方政府间环境规制竞争策略及其地区增长效应——来自地级市以上城市面板的经验数据》，《财贸经济》，2014 年第 10 期。

148.郑洁、付才辉、张彩虹：《财政分权与环境污染——基于新结构经济学视角》，《财政研究》，2018 年第 3 期。

149.郑金玲：《分权视角下的环境规制竞争与产业结构调整》，《当代经济科学》，2016 年第 1 期。

150.郑思齐、万广华、孙伟增等：《公众诉求与城市环境治理》，《管理世界》，2013 年第 6 期。

151.周黎安：《晋升博弈中政府官员的激励与合作——兼论中国地方保护主义和重复建设问题长期存在的原因》，《经济研究》，2004 年第 6 期。

152.周黎安：《中国地方官员的晋升锦标赛模式研究》，《经济研究》，2007 年第 7 期。

153.周林意、朱德米：《地方政府税收竞争、邻近效应与环境污染》，《中国人口·资源与环境》，2018 年第 6 期。

154.周尚君：《地方法治试验的动力机制与制度前景》，《中国法学》，2014 年第 2 期。

155.周五七、陶靓：《空间溢出效应视角下环境规制的就业效应研究》，《人口与经济》，2021 年第 2 期。

156.周翼、陈英、谢保鹏等：《碳排放与夜间灯光的 EKC 曲线关系实证——基于动态空间面板模型》，《生态经济》，2018 年第 11 期。

157.朱平芳、张征宇：《FDI 竞争下的地方政府环境规制"逐底竞赛"存在么？——来自中国地级城市的空间计量实证》，《数量经济研究》，2010 年第 3 期。

二、英文文献

1.A J L,A J Q,B K Z.,Is China's Development Conforms to the Environmental Kuznets Curve Hypothesis and the Pollution Haven Hypothesis? ,*Journal of Cleaner Production*,2019(234).

2.Abdullah Emre Caglar.,The importance of renewable energy consumption and FDI inflows in reducing environmental degradation:Bootstrap ARDL bound test in selected 9 countries,.*Journal of Cleaner Production*,2020(6).

3.Albetr Breton,*Competitive Governmen:an Economic Theory of Politics and Public Finance*,Cambrige University Press,1998.

4.Ambec S,Barla P.,Can Environmental Regulations be Good for Business? An Assessment of the Porter Hypothesis,*Energy Studies Review*,2005,14 (2).

5.Barbieri,Nicolò.,Investigating the Impacts of Technological Position and European Environmental Regulation on Green Automotive Patent Activity,*Ecological Economics*,2015.

6.Becker R.,Henderson V.,Effects of Air Quality Regulations on Polluting Industries,*Journal of Political Economy*,2000(Volume 108).

7.Beers C.V.,Bergh V.D.,An Emprical Multi-country Analysis of the Impact of Environmental Regulations on Foreign Trade Flows,*Kyklos*,1997(1)

8.Buchanan J.M.,Federalism as an Ideal Political Order and an Objective for Constitutional Reform,*Publius*,1995(2).

9.Case,A.,J.Hines,and H.,Rosen.Budget Spillover and Fiscal Policy Interdependence: Evidence from the States, *Journal of Public Economics*, 1993(3).

10. Cliffac, ORD   J.K., *Spatial   Auto   Correlations*, London: Pion   Limited, 1973.

11. Clo S, Ferraris M., Florio M., Ownership and Environmental Regulation: Evidence   from   the   European   Electricity   Industry, *Energy   economics*, 2017 (JAN.).

12. Cole, M.A. and R.J.R.Elliott, FDI and the Capital Intensity of "Dirty" Sectors: a Missing Piece of the Pollution Haven Puzzle, *Review of Development Economics*, 2005(9).

13. Copeland, B. and S.Taylor, North –South Trade and the Environment, *Journal of Economics Literature*, 2004(1).

14. Cumberland, Efficiency   and   Equity   in   Interregional   Environmental Management, *Review of regiona studies*, 1981(2).

15. Dean J.M., Lovely M.E., Wang H., Are Foreign Investors Attracted to Weak Environmental Regulations, World Bank Policy Research Working Paper, 2005.

16. Dechezleprêtre, Antoine, Perkins R., Neumayer E., Environmental Regulation and the Cross–Border Diffusion of New Technology: Evidence from Automobile Patents, *Social Science Electronic Publishing*. 2015.

17. Deng, H.H., X.Y.Zheng, N.Huang, and   F.H.Li., Strategic   Interaction   in Spending on Environmental Protection: Spatial Evidence from Chinese Cities, *China & World Economy*, 2012(5).

18. Duan W., Li C., Zhang P., et al. Game Modeling and Policy Research on the System Dynamics–based Tripartite Evolution for Government Environmental

Regulation, *Cluster Computing*, 2016(4).

19.Farzin Y.H., Bond C.A., Democracy and environmental quality, *journal of development economics*, 2006(1).

20.Feltenstein A., Iwata S., Decentralization and Macroeconomic Perfprmance in China: Regional autonomy has its Costs, *Journal of Development Economics*, 2005(2).

21.Fredriksson, P.G.and D.L.Millimet, Strategic Interaction and the Determination of Environmental Policy across US States, *Journal of Urban Economics*, 2002(1).

22.Friedman J.What Attracts Foreign Multinational Corporations? Evidence from Branch Plant Location in the United States, *Journal of Regional Science*, 1992(32).

23.Galeotti M., Lanza A.Desperately seeking environmental Kuznets, *Environmental Modelling & Software*, 2005(11).

24.Glazer a.Local Regulation May Be Excessively Stringent, *Regional Science & Urban Economics*, 1999(5).

25.Gray, W.Manufacturing Plant location: Does State Pollution Regulation Matter, *NBER Working Paper Series*, No.5880.

26.Grossman G.M., Krueger A.B.Economic Growth and the Environment, *Social Science Electronic Publishing*.1995(2).

27.Hamamoto M.Environmental Regulation and the Productivity of Japanese Manufacturing Industries, *Resource and Energy Economics*, 2006(4).

28.Jaffe A B, Palmer K.Environmental Regulation and Innovation: A Panel Data Study, *Review of Economics and Statistics*, 1997(4).

29.Jeppesen T.,List J.A.,Folmer H.Environmental Regulations and New Plant Location Decisions:Evidence from a Meta−Analysis,*Journal of Regional Science*,2002(1).

30.Kahn M.E.,Li P.,Zhao D.Water Pollution Progress at Borders:The Role of Changes in China's Political Promotion Incentives,*American economic journal*,2015(4).

31.Konisky,D.M.Regulatory Competition and Environmental Enforcement: Is there a Race to the Bottom? ,*American Journal of Political Science*,2007(4).

32.Lanoie P,Patry M,Lajeunesse R.Environmental Regulation and Productivity:Testing the Porter Hypothesis,*Journal of Productivity Analysis*,2008(2).

33.Le Hoang Phong,Ozturk Ilhan.The Impacts of Globalization,Financial Development,Government Expenditures,and Institutional Quality on CO_2 Emissions in the Presence of Environmental Kuznets curve,*Pubmed*,2020.

34.Levinson A,Taylor M S.Unmasking the Pollution Haven Effect,*Social Science Electronic Publishing*,2008(1).

35.Levinson A.Environmental Regulations and Manufacturers'Location Choices:Evidence from the Census of Manufactures,*Journal of Public Economics*,2004(1-2).

36.Levinson,A.Environmental Regulatory Competition:A Status Report and Some New Evidence,*National Tax Journal*,2003(1).

37.Liguo Lin,Wei Sun.Location Choice of FDI Firms and Environmental Regulation Reforms in China,*Journal of Regulatory Economics*,2016.

38.Lindstad H.E.,Eskeland G.S.Environmental Regulations in Shipping: Policies Leaning towards Globalization of Scrubbers Deserve Scrutiny,*Trans −*

portation Research Part D:*Transport and Environment*,2016(47).

39.List,J.,A.and Catherine,Y.Co.The Effects of Environmental Regulations on Foerign Direct Investment,*Journal of Environment Economics and Management*,2000(40).

40.List,J.A.,Sturm,D.M.,How ElectionsMatter:Theory and Evidence from Environmental Policy,*Quarterly Journal of Economics*,2006(4).

41.Martinez-Vazquez,J.,R.M.McNab,Cross Country Evidence on the Relationship between Fiscal Decentralization,Inflation and Growth,*Working Paper. International Studies Program.Andrew Young School of Policy Studies*,2002.

42.Mert Mehmet,Caglar Abdullah Emre.Testing Pollution Haven and Pollution Halo Hypotheses for Turkey:A New Perspective.,*Environmental Sscience and Pollution Research International*,2020(6).

43.Mohd Arshad Ansari,Salman Haider,N.A.Khan.Environmental Kuznets Curve Revisited:An Analysis Using Ecological and Material Footprint,*Elsevier Ltd*,2020,115.

44.Montinola G.,Weingast Q.B.R.Federalism,Chinese Style:The Political Basis for Economic Success in China,*World Politics*,1995(1).

45.Oates Wallace E.and Robert M.Schwab,Attract Investment Competition among Jurisdictions:Efficiency Enhancing or Distortion Inducing? ,*Journal of Public Economics*,1988(3).

46.Palmer,C.,D.Pearce.Public and Private Spending for Environmental Protection:A Cross-country Policy Analysis,*Fiscal Studies*,2001(4).

47.Panayotou,T.Demystifying the Environmental Kuznets curve:Turning a Black Box into a Policy Tool,*Environment & Development Economics*,1997(4).

48.Pargal,Wheeler.Informal Regulation Developing Countries:Evi-dences from Indonesia,*Journal of Political Economy*,1996,104.

49.Porter,M.E.and C.van der Linde,Toward a New Conception of the Environment -Competitiveness Relationship,*Journal of Economic Perspectives*, 1995(4).

50.Potoski Matthew.Clean Air Federalism:Do States Race to the Bottom? , *Public Ad-ministration Review*,2001(3).

51.Qian Y,Weingast B.R.Federalism as a Commitment to Perserving Market Incentives,*Journal of Economic Perspectives*,1997(4).

52.Quiroga M.,T.Sterner and Persson.Have Countries with Lax Environmental Regulations a Comparative Advantage in Pollution Industries.RFF DP 07-08,Discussion Papers,*Resources for the Future*,2007.

53.Rauscher M.Economic Growth and Tax-competition Leviathans,*International Tax and Public Finance*,2005(12).

54.Rezza,Alief,A.A meta-analysis of FDI and Environmental Regulations, *Environment and development economics*,2015.

55.Selden T.M.,Song D.Environmental Quality and Development:Is There a Kuznets Curve for Air Pollution Emissions? ,*Journal of Environmental Economics & Management*,1994(2).

56.Sterner T.,Kathuria V.Monitoring and Enforcement:Is Two-Tier Regulation Robust? ,*Discussion Papers*,2002(3).

57.Stewart,Richard B.Pyramids of Sacrifice:Problems of Federalism in Mandating State Implementation of National Environmental Policy,*The Yale Law Journal*,1977(86).

58.Taylor A.L.S.Unmasking the Pollution Haven Effect,*International Economic Review*,2008(1).

59.Tiebout C.M.A.Pure Theory of Local Expenditures,*Journal of Political Economy*,1956(5).

60.Wilson,John D.Theories of Tax Competition,*National Tax Journal*,Jun, 1999(2).

61.Woods,N.D.Interstate Competition and Environmental Regulation:A Test of the Race-to-the-bottom Thesis,*Social Science Quarterly*,2006(1).

62.Xiuying DU,Zi Xiongxie.Occurrence of Turning Point on Environmental Kuznets Curve in the Process of(de)Industriation,*Elsevier B.V.*,2020,53.

63.Xu J.,Zhou M.,Li H.L.ARDL-Based Research on the Nexus among FDI,Enviromental Regulation,and Energy Consumption in Shanghai(China), *Natural Hazards*,2016(1).

后 记

　　本书是在我博士论文基础上修改完成的，是我博士求学三年和工作后四年整整七年多时间里关于地方政府竞争和环境治理问题的阶段性思考。本书的写作过程也是我作为一名科研工作者科研思维、科研能力、科研态度、科研素养不断养成和进步的过程。回想本书的构思阶段，当时正值入冬时节，天气寒冷，树木凋零，整个校园都进入到了灰色调。我因为研究没有进展而一筹莫展地从图书馆回宿舍的路上，虽然焦虑迷茫，但总有一种想法很坚定地在脑海里出现，那就是"我一定要按时毕业"。正是这种信念支撑着我阅读了大量的文献，形成了论文的研究思路，整理了若干年相关数据，在人心惶惶，疫情肆虐的 2020 年，在东北的老家完成了我的博士论文，在 2020 年的夏天完成了博士论文答辩。现在回想起这些经历，感慨万千，但是来自心底最深刻的声音仍然还是感谢，感谢这一路走来给予过我帮助的人们。

　　我要感谢我的博士生导师王华春教授。感谢老师八年前给我读博的机会，将我领入政府经济学的大门。我本硕所学专业都是行政管理，方向也是偏思想史和纯理论层面的研究，对政府经济学知之甚少。老师得知此情况后，并没有放弃我，而是尽最大可能的指导我阅读政府经济学入门书籍和需要掌握的相关方法,使我在博士一年级就对我们课题组关于地方政府竞争的研究主题有了一定了解。老师为人低调谦和,治学兢兢业业,指导每个人都尽心尽力,每次见到我说的最多的话就是"抓紧"。三年内,每周例行的组会老师风雨无阻,带领我们阅读文献,分享文献,正是在不断阅读和思考的过程中,我形成了博士论文的初步选题。论文的写作过程也同样凝聚了老师无数的心血,老师多次跟进论文写作进度,初稿形成后,大到论文逻辑框架,小到字句标点,都有老师数遍修改的影子。三年里,老师鼓励并支持我们参加高级计量研修班,学习前沿的研究方法,带领我们去上海参加学术会议,参与国家社科基金的申请与写作,督促我们进行小论文的发表,正是这些学术活动,使我增长了知识、丰富了视野、提升了修养,明确了方向。诚然,我的博士生涯也并不是一帆风顺的,有些时候,也会困惑、纠结与彷徨,而老师多次在我感到迷茫时耳提面命,多次在人生的关键节点上给予帮助。博士毕业后,我也会定期回学校看望老师,老师会关心我的进展,很开心地为我们准备饭菜。可以说,没有恩师的指导、督促与帮助,不会有我的今天。

我也要感谢另一位恩师李水金教授,作为我硕士求学期间的指导教师,老师在我入学初就给我规定了硕士三年要读 200 本行管专业专著,正是因为老师高标准和严要求,硕士三年结束我虽然没有读够 200 本专业书籍,但是我对行政管理专业有了更深入的了解和形成了完整的学科思维体系,并且也使我养成了读书的好习惯,对书有莫名的亲切感。除此之外,老师对学术的热情、追求和坚守也深深打动我,老师不为名利,一心想写一本能贯通古今,整合中外且适合中国国情的行政学说史,为了实现这个目标,老师不惜花大量时间大量阅读西方经典原著,花重金购买市面上已经很难买到的中国古典书籍,从他的经历中我看到了一个人对梦想的热爱和执着。硕士求学期间老师多次鼓励我要考取博士,教育我要做对国家和社会有用的人,为我规划人生路线,让我少走了很多弯路。博士被录取后,老师曾经说过:"你不用感谢我,你能考上博士就是对我最大的感谢",现在回想这句话,感动感激之情仍激荡在心底。在我博士求职期间,老师关心我的求职情况,多次与我分享简历制作和试讲经验。可以说,今生能拜于两位恩师门下,实属自己之幸运,两位恩师的付出,我将终生难忘。

感谢参与我博士论文开题和预答辩和答辩的各位专家们,他们是北京师范大学唐任伍教授,章文光教授,杨冠琼教授,清华大学樊钢明教授,中国政法大学刘俊生教授,北京交通大学冯华教授,感谢他们对本书初稿提出的有针对性的建议。

感谢北京师范大学政府管理学院所有传道授业的老师们,他们是王洛忠教授,孙宇教授,李秀峰教授,董藩教授,魏成龙教授,于海波教授,王宏新教授,王颖教授,果佳副教授,他(她)们高屋建瓴的学术观点和严谨的科学态度,值得我终生学习。也要感谢教学秘书鲍慧杰老师,她高效的行政服务和为学生着想的出发点让我敬佩。

感谢我在博士读书期间师门的兄弟姐妹。感谢他们让我懂得了团队合作的重要。感谢刘清杰师姐,刘拴虎师兄,王圆圆师姐对我论文开题前给予的多方面写作建议;感谢平易师兄,我们学业进度一致,学习上互相督促鼓励,共同进步,也要感谢他对我生活上的帮助和很多为人处世方面的指点。感谢师弟刘腾飞和师妹张灿在我开题和预答辩时做答辩秘书的辛苦付出,感谢徐孟志和李继霞师妹在我博士毕业以后给于我论文和相关课题方法上和思路上的支持。他们是我学术路和人生路上的强大后盾,没有师门师兄弟姐妹的互相交流、讨论、支持、互助,我很难在方法上和思路上有更新的突破,正是这种团队式的学习方式,使我在政府经济学领域取到了一定进步,特别感谢他们。

财政分权体制下地方政府间环境规制竞争及其影响因素研究

感谢博士班的全体同学，班级团结向上包容的氛围会让我永远记住这个班集体,感谢刘洋,陈宇,刘成,姚宝珍、赵娟、罗天正、吴赛、吴远卓、宋斌斌、蒋晓飞十位博士对我的帮助与支持。班级定期举行团建活动,讨论最多的就是每位同学的研究方向和选题,其他同学从自己角度提出建议和观点,正是这种头脑风暴式的交流讨论方式，使我们每个人都得到了快速进步和成长。和她(他)们的相遇相识相知,是我的幸运,正是有他们的陪伴,才使读博这段痛苦又快乐的岁月过得如此充实。

感谢我工作单位天津师范大学政治与行政学院的领导和同事给予我的帮助和支持。本书的诞生,离不开天津师范大学政治与行政学院这片学术沃土的滋养。学院拥有一支结构合理、爱岗敬业、团结合作,在全国学界享有良好声誉的师资队伍。学院大咖云集,有各种国字头项目的获得者,教授们著作等身,都是各研究领域的佼佼者。学院砥砺前行,踏实肯干的氛围让我有归属感,前辈们榜样的力量给予我前行的方向,同事们热情帮忙的态度让我倍感温暖。本书的完成也离不开政行学院领导团队的关心和支持。特别感谢刘训练院长、郑荃文老师和宋艳阳老师在书稿出版推进过程中提供的资源协调与政策支持,使得本研究有充足的科研经费得以顺利出版。

感谢书中所有参考文献的作者，没有他们前期对本书主题的研究与探讨,不会有本书的呈现。在此,谨向所有为相关领域作出贡献的学者致以诚挚的感谢。

感谢各大数据平台对本书的支持。特别感谢大数据研究平台、中国统计年鉴、人大经济论坛、小木虫等机构开放的数据接口及研究资源,为本书的数据验证和实证研究提供了坚实基础。各大平台的开放共享精神与专业服务,不仅推动了行业进步,也为学术研究提供了宝贵助力。在此,谨向所有支持本书的数据合作方致以诚挚谢意。

　　我要特别感谢我的家人,我从小体弱多病,父亲经常追着医生邀请其来我家里给我看病,直到六岁以后情况才有所好转。后来父母为了能让我上更好的学校接受教育,在我初二刚入学花了很多精力将我转到了更好的中学读书,去另外一所中学读书要走很远的路,父亲担心我的安全,每次都是骑自行车把我送去学校。读大学以后,一直到现在工作以后的每一次回家,父亲都会提前去车站接我,见到我以后第一件事就是接过我手里的行李箱,回到家后母亲已经准备好丰盛的饭菜。感谢父母多年的辛苦和付出,感谢他们对我所做选择的理解与支持,感谢为我在家写作书稿时提供良好的环境,希望以后的日子,他们能够身体健康,诸事顺意。我虽然比妹妹年长八岁,但是她处处都为我考虑,为我操心,每周定期通话,每隔一段时间的定期见面让我觉得虽然她已经组建自己的小家庭,但是我们的关系从未改变,也希望以后的日子里她能够每天开心幸福,小外甥女潼潼能够健康快乐长大。

　　感谢天津人民出版社编辑团队。编辑郑玥、郭雨莹高效、认责、负责的工作态度和行事作风为本书的出版提供了极大便利。她们以"字字较真"的态度对书稿进行了学术规范核查和语言学润色,她们的专业和敬业精神令我深深感动,在此特别感谢她们。

　　最后,我要感谢我自己,一路走来取得的每一点进步都不容易,求学期间遇到了很多困难,但是好在自己一直坚持与不曾放弃,在每一段灰暗的时光里都没有让自己枯萎,而是挣脱黑暗后开出鲜艳的花来。感谢自己有一直让自己成长的信念感,未来漫漫,时光匆匆,但愿自己能够秉守初心,一生赤诚善良。

　　"个人的成长始终与国家的命运同频共振。"本书的完成得益于祖国的繁荣发展与时代赋予的机遇。感谢国家在生态文明领域提供的战略支持,为研究提供了丰沃的土壤。生于华夏,躬逢盛世,愿以此书为时代注脚,致敬这片土地上所有致力于探索中国环境治理道路的研究者,愿我们的努力能为推动绿色发展与制度创新贡献绵薄之力。

崔　伟

政治文化与政治文明书系书目

● **多元文化与国家建设系列**（执行主编：常士訚）

1. 常士訚、高春芽、吕建明主编：《多元文化与国家建设》
2. 张鑫：《混和选举制度对政党体系之影响：基于德国和日本的比较研究》
3. 王坚：《美国印第安人政策史论》
4. 常士訚：《合族之道的反思——当代多民族国家政治整合研究》
5. 常士訚：《族际合作治理：多民族发展中国家政治整合研究》
6. 王向贤：《为父之道：父职的社会构建》
7. 崔金海：《中韩跨国婚姻家庭关系建构及发展的扎根理论研究》
8. 郝炜：《美国公民不服从理论研究》

● **行政文化与政府治理系列**（执行主编：吴春华）

9. 史瑞杰等：《当代中国政府正义问题研究》
10. 曹海军、李筠：《社会管理的理论与实践》
11. 韩志明：《让权利运用起来——公民问责的理论与实践研究》
12. 温志强、郝雅立：《快速城镇化背景下的群体性突发事件预警与阻断机制研究》
13. 曹海军：《国外城市治理理论研究》
14. 宋林霖：《中国公共政策制定的时间成本管理研究》
15. 宋林霖：《中国共产党执政能力建设研究》
16. 孙宏伟：《英国地方自治体制研究》
17. 宋林霖、朱光磊主编：《贵州贵安新区行政审批制度改革创新研究》
18. 袁小波：《老龄社会的照料危机——成年子女照料者的角色经历与社会支持研究》
19. 刘琳：《空间资本、居住隔离与外来人口的社会融合——以上海市为例》
20. 于莉：《城乡农民的身份转型与社会流动研究》
21. 崔伟：《财政分权体制下地方政府间环境规制竞争及其影响因素研究》

22. 魏巍:《跨学科研究评价的理论与实践》

23. 崔伟:《财政分权体制下地方政府间环境规制竞争及其影响因素研究》

● 政治思想与政治理论译丛(执行主编:刘训练)

23. 郭台辉、余慧元编译:《历史中的公民概念》

24. [英]加里·布朗宁等著,黎汉基、黄佩璇译:《对话当代政治理论家》

● 政治思想与比较政治文化系列(执行主编:高建)

25. 刘学斌:《应为何臣　臣应何为——春秋战国时期的臣道思想》

26. 王乐理:《美德与国家——西方传统政治思想专题研究》

27. 张师伟:《中国传统政治哲学的逻辑演绎》(上下)

28. 刘学斌:《中国传统政治思想中的公共观念研究》

● 民主的理论与实践系列(执行主编:佟德志)

29. 李璐:《社会转型期城市社区组织管理创新研究》

30. 田改伟:《党内民主与人民民主》

31. 佟德志:《民主的否定之否定——近代西方政治思想的历史与逻辑》

32. 郭瑞雁:《当代西方生态民主的兴起及其对传统民主的超越》

● 政治思潮与政治哲学系列(执行主编:马德普)

33. 高景柱:《当代政治哲学视域中的平等理论》

34. 许超:《在理想与现实之间——正义实现研究》

35. 马德普主编:《当代中国政治思潮(改革开放以来)》

● 社会主义政治文明建设系列(执行主编:余金成)

36. 余金成:《马克思主义从原创形态向现代形态的发展——关于中国特色社会主义基础理论的探索》

37. 冯宏良:《国家意识形态安全与马克思主义大众化——基于社会政治稳定的研究视野》

● 国际政治系列

38. 杨卫东:《国际秩序与美国对外战略调整》